まえがき　これからの国語教師に求められるもの

話す力は話す活動を通して身に付きます。書く力も書く活動を通して身に付きます。コミュニケーション力はコミュニケーションの行われる場において、学習者が自ら考えを表明し他者の考えも聞きその往復活動で自らの中に考えを創り出していく、つまり話し合う活動によって身に付くものです。そういう言語活動を行う場に立たせて充実した言語経験を行う授業を目指して、本学会は研究を進めてきました。

それは、新しい学習指導要領のもとでも変わりません。新学習指導要領は、現行学習指導要領を引き継ぎ、よく整理されて、分かりやすく二一世紀型の教育の在り方が示されています。学習者が、なんのために学ぶのかという学習の意義を共有し、自らが問題意識をもち、あるいは時代や社会に求められる課題に対応して、主体的に考え、解決していこうと情報の収集・再生産の活動、他者の考えを聞こうと交流活動を行いながら、自らの考えを構築して発信していく。そういう「主体的・対話的な深い学び」を体験させる授業の構築・実践が求められます。

国語教師は、基本的・専門的な力として国語力と言語行動力（言語・言語文化に関する造詣の深さと聞く話す読む書くの言語技術）を身に付けていなければなりませんが、教師として人を育てる仕事に携わるとなれば、授業力が必要です。授業力とは、授業を構想・設計（組織化）する力と実践（授業運用の技術と教室経営）の力をいいます。

本シリーズは、「文学」「古典」「説明文・論説文」「国語授業づくりの基礎・基本」の四部作から成ります。「読む」という視点から文学、古典、説明文の三ジャンルを取り上げ、

・基本的な学習内容とその指導法
・教材に対する考え方と学習材化の方法
・学習指導　特に言語活動との組み合わせの工夫
を中心に、Q&Aの形で、授業づくりのポイントと実際例を示しました。

授業づくりは、言語活動の視点から「聞くことの授業づくり」「話すことの授業づくり」「読むことの授業づくり」「書くことの授業づくり」で取り上げることもでき、また「思考力を鍛える授業づくり」「表現力をのばす授業づくり」というアプローチもあります。本シリーズは、ビギナーズのために、入りやすさ、取り組みやすさから三つにしぼりました。つくりやすいところから始めて、参考にしながら、広く、深く、学習者の言語生活から考えて、言葉を意識し言葉の力を考え、学ぶ喜びを身に付けた学習者を育てる授業に発展させてください。

本シリーズは日本国語教育学会の企画情報部の事業として、中学校部会と合同で、ビギナーズのために編んだものです。が、長く教育に携わっている人、つまずき悩みをもっている人、これでいいのかさらに前に進みたいと願っている人にも、新たな授業づくりに取り組んでほしいと願い、その参考にしていただきたいと思っています。またそれぞれの地区、校内での指導的立場におられる方もこれによって教育実践のレベルを上げられんことを願っています。

平成三〇年七月

田近洵一（日本国語教育学会会長）
桑原　隆（日本国語教育学会理事長）
大越和孝（企画情報部長）
安居總子（中学校部会長）

もくじ

シリーズ国語授業づくり　中学校　文学―主体的・対話的に読み深める―

III章

主体的・対話的で深い学びを生む文学の授業の単元展開例

Ⅰ章

文学の授業づくりのポイント

1 学習者の中に生まれる文学の学び

学校の教室で文学を学ぶ

人は古来、見たこと聞いたこと、思ったこと感じたことを言葉に表してきました。それらは語りになり、歌になり、伝えられ、または消えていきました。文字が生まれてその一部は記録され、様々な形式の詩文となり物語となって、人々の集まる場所から道を通い、山を越え海を渡って伝わっていきました。今、学校の教室では、その文学の大きな歴史の中の一握りの作品が、教科書をはじめとする教材として、生徒の学びに供されています。私たちは、国語の授業を起点に文学を取り扱う教師としてどんなことを考え、何を大切にしていけばよいのでしょうか。

人はなぜ文学を求めるのでしょう。「文学のもつ力とは？」と問われたとき、どのように答えますか。まず、教師になる以前の自身の読書経験から思い起こせることがありましょう。何かを求めて書棚の前を行き来し、ある本を手に取ったこと。誰かに紹介されて、その人のことも思いにかけながら読んだ本。学校の教室で、教科書のある教材を読んだときの強い印象。思い悩み、もがいているときに出会った詩文。展開される作品世界に浸る楽しさに、身を任せて読んだ小説……。現代の様々な媒体を通して、生徒たちも文学にふれています。それぞれの生活の場面、成長の段階で精一杯に生きながら、自身にとって必要な言葉を求めています。教師にとっても生徒にとっても大切なこのことは、文学を学ぶ授業でどのように位置付けられているのでしょう。

国語の授業の中で、教科書のある文学教材が取り上げられる。授業ではその本文を巡って、教師から課題が投げかけられ、生徒はそれに答えていく。そこで交わされる言葉を教室の皆が聞いている。教師によって板書された言葉を生徒全員が見て、書いている。単元のテストになれば、問題用紙に記された言葉から、それを授業内容に照らし合わせて、生徒は懸命に考え、答えを記します。前述した「大切なこと」と教室で文学を学ぶその内実が矛盾していなければ、生徒は文学の授業を通して教師や友達の言葉を助けにし、さらに文学を求め、そのもつ力を自分のものにしていけるはずです。

教師は文学の授業で何ができるのでしょう。生徒の発言が教師の想定した言葉の範囲になかったとき、それをどうするのか。「それもいい意見ですね」という言葉は、どんな意味で発せられ、生徒はそれをどう受け取るのか。授業では自由な発言をしたのにテストになるとある決まった答えを書く、または選ばなければならないという思いが生徒の中で積み重なったとき、生徒にとって文学を学ぶこととは何になるのか。こういったことを誠実に考え、考えた結果を授業に反映し、生徒の学びを助けなければなりません。文学によって培われる力を教室内で完結させるのではなく、これからを生きていく言語生活者としての生徒の力にできるよう、各人の中に文学の学びが生まれ自身がそれを育んでいけるよう、文学の授業を啓いていきましょう。

2 教材研究のポイント
―「少年の日の思い出」を例に―

1 文学教材で身に付けさせたい言葉の力

文学教材で身に付けさせたい力は文学を楽しみ味わう力です。ここでは、その力を身に付けるための方法を二つ提案します。

①読解的に文学的文章の特徴を捉える方法

②読書的に生涯にわたる文学との付き合い方を知る方法

この二つの方法を通して文学を楽しみ味わう力を身に付けます。別の言い方をすると、このことは、文学的文章の「言葉による見方・考え方」を学ぶことであり、「思考力や想像力」を養うことや「わが国の言語文化」に親しむことにもつながります。

平成二九年版学習指導要領の〔思考力・判断力・表現力等〕「C読むこと」の指導事項との関係を考えると、①は例えば、第一学年「イ　場面の展開や登場人物の相互関係、心情の変化などについて、描写を基に捉えること」や「ウ　（略）場面と場面、場面と描写などを結び付けたりして、内容を解釈すること」などと対応し、②は例えば、第三学年「イ　文章を批判的に読みながら、文章に表れているものの見方や考え方について考えること」や「エ　文章を読んで考えを広げたり深めたりして、人間、社会、自然などについて、自分の意見をもつこと」などに対応します。

2 教材研究における作品分析のポイント

1で挙げた二つの方法のどちらを中心にするかによって作品分析のポイントが変わりますが、それを示した下の図「文学教材と読者」をご覧ください。授業時間は限られていますので中学校三年間の間で両方の方法をバランスよく指導するようにしたいものです。

①の読解的方法では「テクスト」（あるタイトルの付いた、語り手によってある設定と表現を通して語られる文章）に焦点を当てて、文学的文章の特徴を捉えます。この方法では特に、これまで子供たちが文学的文章について学んできた経験（学習経験）との関係が重要となります。

②の読書的方法では「テクスト」以外の情報にも視野を広げて、「作者」の伝

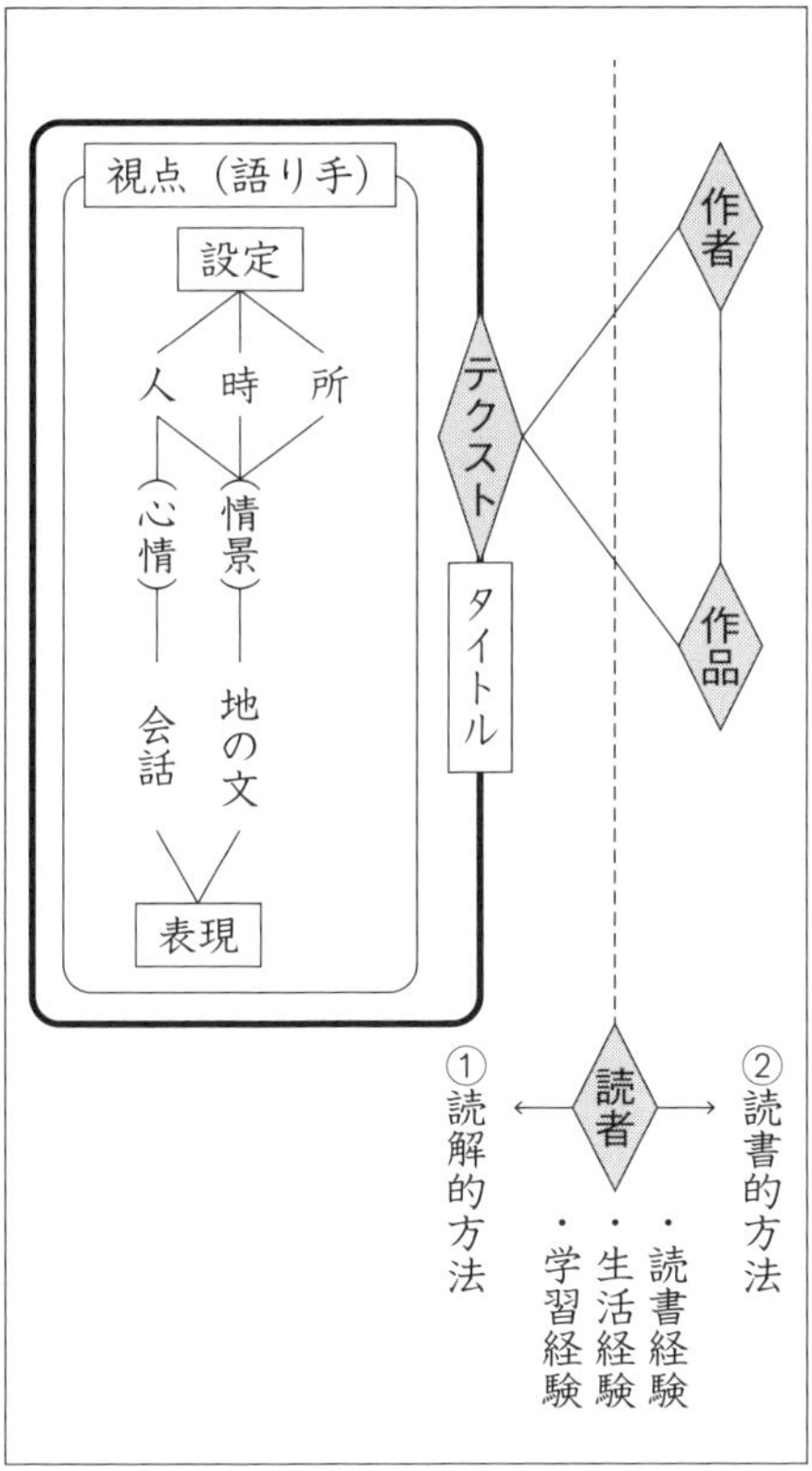

図：文学教材と読者

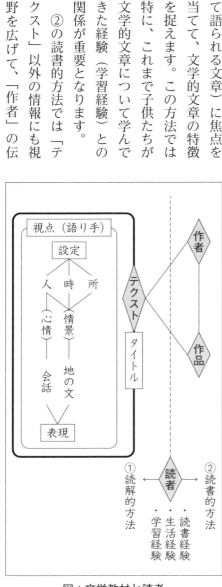

記的な事実と関連付けて読んだり、同じ作者の別の作品や、作者と同時代の別の作家の作品などと読み比べたりして、いろいろなつながりの中で読む方法を体験します。この方法では、子供たちのふだんの生活や読書（生活・読書経験）とのつながりに目を向けさせて、生涯にわたる読書習慣を意識させたいと思います。

3 学習課題の設定

中学校国語教科書の共通教材には「少年の日の思い出」「走れメロス」「故郷」がありますが、ここで注目するのは翻訳作品としての「少年の日の思い出」と「故郷」の特徴です。2で触れた「テクスト」「作者」「作品」に「訳者」と「備考」を加えて表にまとめました。作品が書かれた時代・社会と翻訳された時代・社会が異なることがありますし、それらの作品を教材として読む私たち（教師と子供）の時代・社会もまたそれぞれ異なっています。このように翻訳作品を授業で読むときには時代・社会の様々な異なりが生じているのですが、あまり難しく考える必要はありません。逆にこのような特別な体験ができるということを楽しむ授業にしてほしいと思います。古文や漢文、英語の文章を読むときの体験とイメージ的につなぐことができるからです。

4 学習活動の構成

ここまでのことを「少年の日の思い出」を例に考えてみましょう。①の読解的方法では、語り手（視点）がどうなっているかをまず確かめます。登場人物の「私」が語り手なので一人称となります。また「客」が「僕・ぼく」となって語る部分も一人称です。外枠の「私」と「客」の関係、「客」の少年時代における「僕・ぼく」と「エーミール」の関係を軸に、会話からは心情を、他の文からは情景を読み取りながら、設定（人・時・所）を確認し、これまで学習してきた作品と比較して特徴を整理します。②の読書的方法では、子供たちそれぞれの生活経験や読書経験の話題も取り上げ、ヘッセの伝記的事実や他の作品の情報とも関連付けて読んでいきます。

	テクスト	作者	訳者	作品	備考
少年の日の思い出	【視点】一人称（一人称） 【設定】 人：「私」 「客」（彼、友人）（=「僕・ぼく」） 「僕・ぼく」「母」 「エーミール」（隣の子ども、この少年、彼） 時：現在と「僕・ぼく」の10～12歳の頃 ＊額縁小説	ヘルマン・ヘッセ（ドイツ・スイス）1877年～1962年	高橋 健二 1902年～1998年	「郷愁」 「車輪の下」 「デミアン」	原作：1931年 日本語訳：1931年 1947年～中学校国語教科書収載 2016年～全社の教科書に収載
故郷	【視点】一人称 【設定】人：「私」 「母」 「ホンル」（甥） 「ルントウ・ルントー」 「シュイション」 「ヤンおばさん」 【設定】時：現在と30年ほど前（回想）	魯迅（中国・日本）1881年～1936年	竹内 好 1910年～1977年	「阿Q正伝」 「狂人日記」 「藤野先生」	原作：1921年 日本語訳：1956年 1956年～中学校国語教科書収載 1972年～全社の教科書に収載

表：１年「少年の日の思い出」と３年「故郷」

3 授業の進め方の問題点と課題 ――「走れメロス」を例に――

1 国語教室からの声――読みの深まり、読みの交流――

平成二九年一月にまとめられた日本国語教育学会中学校部会によるアンケート（「五年目までの若き中学校教員」対象）によれば、「文学の授業について」への回答のうち、「読み深め」に関するものには、例えば次のような悩みが挙げられています（傍線引用者）。

○ 心情を読み取らせようとするが、答え方が単純であり、読みを深化させられない。

○ 生徒主体の授業にしたとき、読みの深まりに個人差がある。グループワークをどのように仕込むとより効果的な学習になるのか。

これらはどちらも実際の授業を進めていく上で、基本的な課題となるものです。そこで、この章ではこれらの課題に取り組むために、どのような理解や手立てが必要かを考えてみたいと思います。

2 個々の読みが深まらない――読みの深まりと発問の工夫――

〈「読み深め」とは何か（部分と部分とを関係付ける力・文脈を生み出す力）〉

「読みを深める」とか「読みが深まる」などを、読むことの授業ではよく話題にします。つまり、生徒の浅い読みをどう深い読みに導くかということを授業では目標にしているわけです。では、「読みの深さ」はどのように規定されるのでしょうか。そもそも「読みの深さ」とは何なのでしょうか。それをごく簡単に言えば、「読みが深まる」とは、読みにおいてテキストの中の部分と部分とがある範囲で新たに緊密に関係付けられることであり、「読みの深さ」はその範囲や緊密さに規定されます。

　ごく簡単な例を挙げてみましょう。「走れメロス」では、テキストの冒頭の場面で、「メロスは激怒した。必ず、あの邪知暴虐な王を除かなければならぬと決意した。メロスには政治がわからぬ。メロスは、村の牧人である。笛を吹き、羊と遊んで暮らしてきた。けれども邪悪に対しては、人一倍に敏感であった。」とあります。この部分だけを読むと、メロスという人物は、のんきに村で暮らしてきた牧歌的な人物であるけれども、邪悪に対して敏感な正義感をもった人物であることが分かります。さらには、はるかに身分の異なる王にさえ怒りをぶつけようとする身の程知らずの単純な人物であることもうかがえます。では、メロスはこの物語の中で一貫してそのような人物として描かれているでしょうか。そうではありません。ときに悩み苦しみ、ときに自暴自棄になり、テキストの後半で疲労困憊の状態に陥ってしまった場面では「悪徳者として生き延びてやろうか」とさえ思う多面性をもっています。

　こうしたメロスに出会うとき、読み手はメロスという人物について「読みが深まった」と感じます。すなわち、冒頭の部分と後半の部分とが関係付けられることによって、冒頭の部分だけを読んだときにくらべて「読み深め」がもたらされるのです。部分と部分とを関係付けることは、読み手がテキストの中に文脈を生み出すことと言い換えることもできます。そうした部分と部分との関係がテキストの中で離れているほど、あるいは緊密であるほど、深い読みになっていることが多いようです。

〈「読み深め」に導くために（テキスト内の「偏り・欠落・矛盾・飛躍」を発問に生かす）〉

　では、授業において生徒たちをそうした「読み深め」に導くためには、どうすればよいでしょうか。そのポイントは、テキストの中に生徒たちが初読のレベルでも意識できるような「偏り・欠落・矛盾・飛躍」などを見いだし、それを基に発問や学習課題を設定するとよいでしょう。

　「走れメロス」を例に考えてみましょう。例えば、登場人物のレベルに注目して先に述べたメロスの人物像を見ると、最後の場面で「私は、途中で一度、悪い夢を見た」と言っていますが、正義感が強い人物だったはずのメロスは、いつ、どんな「悪い夢」を見たのでしょうか。初読の段階での生徒たちであればこそ、即答が難しい問いです。そして、この問いをテキストを基に考えていくことで、最後に生徒たちはメロスという人物を複眼的に捉えざるを得なくなります。また、人が信じられずに身内までをも処刑していたあの暴君ディオニスが、最後の場面で「真実とは、決して空虚な妄想ではなかった」などと一気に心変わりするのはなぜでしょうか。これを考えるためには、そもそもディオニスという人物はどんな人物として描かれていたかを生徒自身で改めて確かめるという、いわばディオニスという人物をテキストの中で新たに文脈化していく必要が生まれます。

　さらに、語りのレベルに注目してこのテキストの構成や展開をみると、メロスが王城から村に戻りそして村から王城に戻るまでの三日間、語り手は一貫してメロスに寄り添って語っています。逆に言えば、その間、ディオニスとセリヌンティウスがいる王城で何が起こっているかはまったく語られていません。テキストのそのような特徴に注目すると、ディオニスの心変わりのきっかけとなるような何かが三日間のうちに二人の間で起こっていたのかもしれないという推測も成り立ちます。こうした推測（読み）はまさしく「深読み」にすぎませんが、そうした「創作的な読み」によって「空白の三日間」を想像させる活動も、テキストを基に新しい文脈を生み出すことになるでしょう。

3 読み深めに個人差があり交流が活発にならない――「解釈」の交流から「根拠」の交流へ――

次に、もう一つの悩みである「読みの深まりに個人差がある」教室で、「グループワークをどのように仕込む（仕組む）」かという問題についてです。指導経験の浅い教員による授業は、ややもすればストーリーをなぞらせた後、人物の心情を解釈させることだけに終始しがちです。そうした授業の場合、うわべの活動になったりナンデモアリの解釈を言いっぱなしにさせたりして終わりがちです。

こうした授業から脱却する方法として、テキストの解釈を交流するのではなくテキストから探した根拠を交流する活動を仕組むことが考えられます。例えば、「走れメロス」の後半には、メロスが立ち直って再び走り始める場面があります。そこでは「肉体の疲労回復とともに、僅かながら希望が生まれた」と語られています。授業では、「ここでいうメロスの『希望』はどのように描かれて（描写されて）いるか。それはどうしてか」と問うのです。そうすれば、生徒たちはテキストの中からメロスの会話描写や心内語の描写、メロスの行動描写の表現を次々と指摘してくれることでしょう。なかには、「塔楼は、夕日を受けてきらきら光っている」といった情景描写に注目できる生徒も現れるかもしれません。テキストを根拠にすると、理由についての話し合いもかみ合ったものになります。

4 文学の授業における評価

1 文学の授業とその評価

文学の授業で生徒に身に付けてほしい国語の力を想定し、その力を高めるための言語活動を行い、その活動の成果について評価する、という基本の道筋を確認しましょう。そして、生徒が行っている言語活動がどんな内実をもつものなのかを、学習者の立場から捉える姿勢をもちましょう。文学の授業では「読むこと」領域の言語活動が多くなりますが、「書くこと」「話すこと・聞くこと」の言語活動を取り入れることもあり、言葉の特徴や使い方、言語文化等に係る言語活動も行われます。いずれにせよ、文学の単元、授業で何を学習のねらいにするかを定め、そのねらいを達成するために生徒が言語活動を行い、その達成の様相に応じて評価することが基本になります。

「学習指導要領」を参照すると、各領域・事項の中に「指導事項」の記載があります。それらを一通り扱うことで、その領域・事項に関する国語の力を生徒が身に付けられると考えるわけです。そこで、授業で主教材とする文学作品が、どの指導事項にある国語の力を高めるのに適しているか？　と考えてみます。小説だとどうか、詩ではどうか。短歌や俳句になると何が変わってくるか。同じ小説でも中一で扱う教材と、中二で扱う教材とではどんな違いがあるのか。新学期の始まり頃に扱うものと夏休みの後に扱うもの、学年の終わり頃に扱うものは……と、勤務校の動き、折々の生徒たちの様子も合わせ、どの単元ではどんなねらいを立てるか、それを授業者自身で言葉にしていきます。そのねらいのもとに学習者の言語活動を具体的に組んでいく中で、それぞれの言語活動に伴う評価の方法が見えてくるでしょう。学習活動の基礎を身に付けるところ、自由に感想を言うところ、ある筋の上に立った読みの展開の中で自分としての見方をまとめるところ、など。発表、記入、記述、確認テスト等々の、授業者が選択した方法によって評価は積み上げられていきます。

学期や学年末の評定のためだけに評価が行われるのでないことは、言うまでもありません。教師は学習者の言語活動の様子から見えてくるものを読み取ることで、教室全体や、生徒各自に働きかけることができます。授業の一定のまとまり（小単元）で自由度の高い記述させると、その表現内容から次の学習課題が見えてきて、それを組み込んで言語活動の編成を変えることができます。とりわけ文学を扱う授業では、生徒から発せられる言葉に独特のものが表れます。そこに注意を払いましょう。ともすると、多様な意見が出ると授業にまとまりがつかなくなると思い込み、教師の用意した「答え」に近付けるような発話・発問をしてしまいがちです。教師の読み取りに近い思考をすることが、文学の学習で身に付ける国語の力の全てではありません。生徒と教師、生徒同士のやりとりの中で生まれる教師の評価を生徒に返し、次の授業での教材化に生かしながら、文学の授業を進めていきましょう。

2 授業に即した評価・評価によって自立する学習者

文学の学習で必要な知識は多くあり、それらを共有することで教室での学びを深めていくことができます。けれども、知識だけが評価されるのではなく、生徒の読みの過程とその成果が評価としても重要な意味をもちます。それらは授業の進行、授業の内容に即して行われるべきものです。学習のねらいと言語活動に見合った方法を用いて評価し、そのことで生徒の文学を学ぶ力を伸ばすのです。ある手法で学習を深めたのであれば、その手法に則った表現に高い評価を与えます。例えば複数の視点からの読みを求めるなら、視点の設定とそのもとでの理解内容が表現されていることが必要です。生徒の学習を総合的に確認するには、記述問題が有効です。記述に生徒が慣れるために、文学の学習の折々に生徒が書く活動を取り入れます。ノート指導の段階から書くことを習慣付けさせ、提出物からも生徒の書く力の姿を見取っていきます。一方、生徒の記述を読み評価することに教師が慣れていることも重要です。記述されたものから生徒の現在の到達点、そこに表現された生徒の姿を想い描く力を高めていきましょう。試験の振り返りも大事にし、それぞれの問いが元になった言語活動や授業を生徒に想起させ、どの手法で問いを解くことを求めたかを示します。与えられた評価から、生徒が自身に足りない言語内容と言語技術を認知し、それを次の課題にしていけるよう、生徒の言葉で表現させる（試験のまとめを書く）ことも有効です。学習の成果を学習者の手に返すことが評価として大切な側面であり、そのことによって自立した学習者が育っていくのです。

Ⅱ章

文学の授業づくりの基礎・基本

Q

1　文学作品の読み

「文学作品を教室で読む」とはどういうことでしょうか？

A　自分の読みをもつとともに、他の人の読みを学ぶことです。

①「自分の読みをもつ」とは、文章を読んで、自分なりに作品と向き合うということです。

生　徒　←　**一対一**　→　文学作品

授業では、生徒が一対一の関係で作品と向き合うことのできる場面をつくりましょう。

②「他の人の読みを学ぶ」とは、他の人の「自分なりの読み」を知り、それを「自分の読み」と比べてどのような違いがあるのかを知ったり、その違いがもつ意味を考えたりすることです。

←→ **比較** ←→
自分の読み
←→ **相対化** ←→

自分の読みが他の人の読みとどう違うのか、あるいは同じなのかを比較することができる授業場面をつくりましょう。

③多様な読みが生まれるのはなぜなのか、作品のテーマ・内容や文章表現の特徴に注目して考えてみることが大切です。

読者＝生徒　→　**作品を掘り下げる**　＝ テーマ／内容／表現の特徴

文学作品としての特徴的な内容や表現に注目させることで、より細かな目で作品と向き合う授業場面をつくりましょう。

❶「自分なりの読み」の存在を保障する

文学作品とは、通常一人の作者が不特定多数の読者に向けて書き表したものですが、多くの場合、読者に一通りの受け止め方しか許さないものではありません。文学作品の代表と言える物語のような読み物は特にそうであり、教室の生徒たちは物語の中の人物に共感したり、ときには反発したりしながら自分なりのやり方で作品と寄り添っていきます。そして、それが物語を読む楽しさ、おもしろさであることを経験的に知っています。ですから、そのことがしばしば教室において否定されることに抵抗感をもつ生徒が多くいます。教室で文学作品として扱う際に教師が気を付けなければいけないのは、まずその点です。生徒たち一人一人がもつ「自分なりの読み」を尊重してやること。それが文学作品を扱う授業に臨むに当たっての大前提です。

> 文学作品の特質＝読者一人一人の読みは、異なってくる。
> ↓「自分なりの読み」が許される文章。
> ↓そこが文学作品を読む楽しさ、おもしろさ。
> ↓
> 「楽しさ、おもしろさ」が教室で否定されてはいけない。
> ↓
> むしろ、「楽しさ、おもしろさ」の存在を生徒に教えることが教師の役割。

❷仲間の読みを「自分なりの読み」と比較する

教室には生徒の数だけ「自分なりの読み」が多様に豊かに存在しています。それは国語教師として文学作品を扱って授業する際の楽しみとも言えることです。教師であっても、文学作品の読者の一人として教材と向き合うからです。初読後に生徒に書かせた感想を読むと、様々な読みの存在が見てとれます。それによって、教師自身の作品の読みも広がり、ときに変容していきます。その変容した読みを携えて次の授業に臨みます。一方、仲間との読みの交流を進めるうち、自分の知らなかった読みを知った生徒たちは、当初の「自分なりの読み」を変容させていきます。それは生徒たちにとって楽しい経験であり、当然教師にとっても楽しい授業が展開されていきます。この相乗効果が文学の授業をつくっていくのです。

試みに「走れメロス」を例に、どのような「自分なりの読み」が存在するのか、生徒たちが書いた初読感想のいくつかを見てみましょう。

- セリヌンティウスとメロスはとても信頼し合っているのだと思った。しかし、メロスが友を人質にしてまでも妹の結婚式を挙げに行くのはどうかと思った。
- メロスは一般市民なのに王様のところまで行って「人を信じる」ことをさせようとしたのはすごいなと思いました。それとは別に、どうしてそんなことをしようと思ったのかな、と考えました。
- 私が一番印象に残ったことは、物語を読むスピードとメロスのスピードが、さも一緒であるかのように進んでいくことだ。
- 最後のシーンで、なぜ作者がメロスを赤面させなくてはならなかったのか、私にはまったくわかりません。

❸文学作品らしい表現に注目して「自分なりの読み」を深める

多様な読みの存在とは別に、文学作品の特質として踏まえなければならないことに「豊かな表現」があります。言葉数の少ない詩歌を始めとして、文学的な文章は、作者が表現に工夫をこらし細部まで磨かれて書かれています。ですから、いくら「自分なりの読み」といっても、そうした表現の細部に目が行かないのでは、本当にその作品を読んだとは言えません。生徒が気付かなかった表現の特色に目を向けさせることは、教師の大事な役割であり、教師が行う教材研究の真価が問われることでもあります。ここでこれまでに述べてきた「文学作品を読む」上での教師の役割をまとめておきましょう。

> ◎生徒一人一人の「自分なりの読み」をもたせ、尊重すること。
> ◎教室の中での多様な読みの交流を実現し「自分なりの読み」の相対化や変容を図ること。
> ◎作品中の特徴的な表現に目を向けさせて「自分なりの読み」の深まりを実感させること。

生徒が一人で読んでいるときには気付かなかった表現の特色に、授業での学習過程の中で気付くこと。これは生徒にとって楽しいことでもあります。そのとき、生徒は「自分の読みが深まった」と実感するのです。そしてその実感は、仲間と共に教室で文学作品を読むことの意義を生徒に教えます。つまり、仲間と共に読むことで「自分の読み」が深まるのです。こうした経験は、生徒たちに文学作品を読書することの楽しさ、おもしろさを教えます。そして、「また一人でも読んでみよう」と思います。子どもたちを未来の読書に導くこと、それこそが教室で文学作品を扱う最大の意義なのです。

Q

2　作品分析と教材研究

作品分析と教材研究はどういう関係にあるのでしょうか？

A

作品分析とは、作品の構成や内容、表現などを研究すること。教材研究とは、いかにそれらを生徒の学びに結び付けるかを考えることです。

①様々な観点から作品分析を行い、その作品をよく理解することが教材研究の基盤になります。

いわゆる定番教材の場合、作品分析を行った論文や本も多数あります。それらを参考にしてもよいでしょう。

②作品分析を基に、学習者の実態に即して学習活動を設定し、作品を教材化します。

「学習者の学び」という視点から、作品を捉え直すことが教材研究です。

❶ 様々な観点から作品分析を行い、その作品をよく理解することが教材研究の基盤

文学作品を研究していく方法や切り口は様々です。ここで行う作品分析は、あくまで教材研究のために行うものですから、どれかに特化するのではなく、できるだけ多くの方法や切り口から作品分析を行っていきましょう。作品分析の方法・切り口には例えば次のようなものがあります。

> 作者、作品の時代・場所・季節・時刻、作品の構成（場面分け・場面と場面の関係・山場）、登場人物（主人公・言動の理由・心情の変容・変換点・変容の理由）、登場人物の関係、主題、語り手・視点、伏線、表現の工夫（比喩・描写・暗示・象徴など）、漢字と語句

❷ 作品分析を基に、学習者の実態に即して学習活動を設定し、作品を教材化する

作品分析を行っただけでは、まだその作品は「教材」とは呼べません。作品分析をして分かったことを、一つ一つ学習者に伝えていくことが授業ではないのです。その作品を扱った授業を行うことでどんな国語の力を学習者に付けるか、学習者がその作品に関してどんな感想や興味・関心を抱くか、学習者はどこを「分からない」と感じるか、といった「学習者の学び」という視点から作品を捉え直し、どんな学習活動を設定するのが望ましいかを考える必要があります。こうした「教材化」の過程を経て初めて作品は「教材」となるのです。せっかく作品研究をしても、授業では扱わない内容があることは当然ですし、場合によってはもう一度作品研究を行わないといけない場合もあると思います。

Q

3 物語・小説教材の読み

物語・小説はどのように指導したらよいでしょうか?

A 物語・小説を読むことで、生徒が文学の学び方を身に付けられるよう、指導に当たりましょう。

①作品の文章記述から読み取れることを確認し、クラスの意見をつなげ、理解を深めていきましょう。

メロスはなぜ走り続けたのだろう? 教科書の本文から読み取れる所を挙げてみよう。

「信頼」を大事にしたかったからではないでしょうか。「信じられているから走るのだ」と書いてあります。

「恐ろしく大きいもののために走っている」と書かれています。でも……、ちょっと意味はよく分かりません。

二人ともよい指摘をしてくれましたね。それぞれに近い表現が他にもありますよ。みんなで探してみよう。

②生徒の読み方に寄り添い、なぜそう読むのかを言葉にさせます。

③様々なアプローチによって、作品理解の幅を広げていきましょう。

1 作品の文章記述から読み取れることを確認し、クラスの意見をつなげ、理解を深めていく

説明文や論説文の学習と同様に、文学の学習でも作品に書かれていること、文章記述そのものに根拠を置いて読むことは大切です。ある意味「文学作品の読みは、読み手各自のものでよい」と言えますが、文章記述に沿わない読みがされる場合、そこには文章の理解自体が不十分であったり、読み手自身の経験が強く反映されていることが考えられます。授業では生徒が文章記述そのものに着目できるような読みの課題を提示し、生徒の着眼や理解の仕方を確認することが必要になります。

教材を読み込むと、「ここでこの発問をすれば、生徒は文章中の関連するいくつかの言葉に目を向けられるだろう」という所を見いだせると思います。「走れメロス」を例に取れば、「一度は諦めてしまったメロスが、なぜまた走り出したのだろう?」という課題を立てることができます。その課題について「ここはあくまで、教科書の本文に書かれている言葉から考えよう」と問いかけるのです。「信頼」という言葉が生徒から出れば、それを受けて関連する箇所をさらに探させます。「わたしは信頼されている」という言葉は二度繰り返されてもいます。またフィロストラトスとの会話でメロスが「もっと恐ろしく大きいもののために走っているのだ」と言っていることを指摘する生徒がいれば、「わけのわからぬ大きな力」という言葉とつながってきます。さらにそれは「間に合う、間に合わぬは問題でないのだ。人の命も問題でないのだ」という不可解とも言える言葉に目を向けさせることにもなるでしょう。その直前に「信じられているから走るのだ」とありますから、メロスを動かしているのは「信頼の力」だという理解も可能でしょうし、走り出すメロスが「愛と誠の力」とも言っていることから、「大きな力」の「力」と関わらせた意見づくりができるかもしれません。このように生徒の意見を教師が

つないでいくことから、物語・小説を読む中で、文章記述そのものを踏まえて理解を進める力が高められていきます。留意したいのは、この読み方を作品の最初から最後まで詳細に行うのではないということです。この読み方によって得られる基礎的な読みの力を学習の基底に据えるために、文学の授業のどこかの段階で、じっくり丁寧に行うことが必要なのです。

❷ 生徒各自の読み方に寄り添いながら、なぜそう読むのかを言葉にさせていく

文学作品を扱う授業において、課題によっては生徒の自由な読みの展開が期待されます。その好例は「感想」です。特に初発の感想の際には、生徒は多様な言葉を発するでしょう。メロスとセリヌンティウスとの友情の素晴らしさを言う生徒もいるでしょうし、できすぎた話で真実味が薄いという感想を述べる生徒もいるでしょう。メロスよりも王ディオニスの方に視点を置いて読んでいる生徒もいるのではないでしょうか。これら学習者各自の着眼と発想から現れた言葉は、生徒にとってとても大切なものです。まずは教師として、それらの言葉を受け止めましょう。受け止めるというのは「それぞれが違ってそれでいい」で学習が終始するということではなく、そこからしか文学の本当の学習は始まらないという意味です。生徒各自の読みに寄り添い、なぜ生徒がその言葉を発するのかに想いを致し、その言語化を手助けするのが、ここでの教師の仕事になります。

物語・小説の読みの学習を、教師が設定する読み方に従った一つのゴールに至ることを目的とするのでないなら、すなわち、生徒一人一人の読みから出発し、それぞれの読みの力を高め、読みの広がりや深まりを進めることをねらいとするなら、生徒の発する言葉を教師が捉え、そこに生徒の何が反映されているかを読み取ることが必須となります。初発の感想はその最たる学習材であり、次にどん

な課題を設定するか、どんな言葉を生徒から引き出せるかを想定していくための資料になります。また、生徒は自分の読みの内実を言語化することで、自分がどんな所から、どんな経験を基にしてこの読みをするのか、友達の読みと違うのはなぜなのか、といった自身に対する振り返りを始めることができます。そして自分の読みを発展させるため、文学の読みの力を高めるために、他の人はどう読んだのか？　と、共に読む仲間の言葉を求めるようになります。読者それぞれが一人の読み手として自立しながら他の人の読みを尊重する、文学を学び合う教室がそこに生まれていくのです。

③▼様々なアプローチによって、作品理解の幅を広げていく

登場人物の性格、行動、台詞、置かれている状況、物語としての語り、背景にある文化、社会、それらの総合として展開されるストーリーが読者の中に入ることで、文学作品が理解されていきます。日本語の言葉としては読んでいても、人物や話の展開を理解する枠組み（スキーマ）がなければ、物語を読み進めることはできません。それらの理解が及ばない状態で無理に意見を求められるとき、生徒は自身の経験に頼るしかなくなります。そこで生徒は「自分のストーリー」をどうにか読みに結び付けようとするのです。教師はその場合にも生徒の努力を認め、読みの生起の理由を探りつつ、さらに、読みを進めていくいくつかの手立てを講じていきます。「走れメロス」であれば、シラーの「人質」との比較、作家太宰治の生涯と重ねるなどのアプローチが考えられます。生徒が様々な学習課題に取り組む中で、当たっている読みの壁を乗り越える経験をさせたいものです。その一つの一つの経験が、自立した文学の読者が育つ大切な歩みになると考えられるからです。

Q

4　随筆教材の指導

随筆教材はどのように指導したらよいでしょうか？

A 「随筆」の名の通り、作者の書いた時・所・想い・表現を捉えることが大切です。

①作者独自の視点を捉えましょう。

「ありがとう」という一言でも、場面によって印象や意味が大きく異なるんだなあ。作者にとってはこの一言が大きな意味をもっていたことがよく分かる。

②文章表現の工夫と効果について学びましょう。

敬体で一文を長めに構成しているこの作者の文章は、とてもやわらかい印象を受けるなあ。こういう文章を私も書いてみたいなあ。

③作者の思想や想いに対して自分の意見をもちましょう。

作者は日常生活の中の些細な出来事に感動を見いだしていて素敵だなあ。私もこんな風に、自分の日常生活を見つめ直してみよう。

④学んだ視点や文章表現の工夫を用いて、随筆を書きましょう。

⑤読書生活へ接続しましょう。

近年「随筆」は、いわゆる「エッセイ」と同義で用いられることもありますが、日本では「特定の形式を持たないもの、いずれのジャンルにも属さないものといった程度のもの(注)」を「随筆」としてきました。ゆえに、様々な話題について多様な文章表現で書かれた作品が存在します。

例えば、学習者が共感を寄せやすい、日常における小さな気付きや感動を取り上げたものもあれば、学習者の日常生活からは知り得ないような遠い国で起きている出来事を題材として取り上げた作品もあります。中学校の教科書には、「徒然草」や「枕草子」のように、古い時代に書かれ、長く読み継がれてきた随筆作品も掲載されていますね。

話題は様々ですが、いずれの作品にも、書き手の想いや読者へのメッセージが含まれています。どのようなとき、どのような所で、どのような想いをもったのか、そして、その想いをどのような工夫を取り入れて文章表現しているのか、テキストから丁寧に読み取っていきましょう。また、多様な随筆作品から視点や文章表現の工夫について学んだり、知識を広げたりすることは、学習者が自身の気付きや想いを自由な形で文章表現する力の向上につながります。

❶▼作者独自の視点や想いを捉える

作者がどのような事柄に興味をもち、どのような視点で捉え、どのような想いをもっているのか、細かな表現にも注目しながら丁寧に読み取りましょう。本文テキストを基に作者独自の視点や想いを読み取ることで、本文を根拠にして読みを確立する力が付くとともに、一つの物事を複眼的に見つめたり、広い視野をもって世界を見つめたりする力も養うことができるはずです。

❷▾文章表現の工夫と効果について学ぶ

「随筆」は、小説や論説に比べて自由な構成、文体で書かれています。作者は自分の視点や想いを表現するために、どのような構成、語句、文体で文章表現をしているのかという点にも注目しましょう。比喩表現を含んでいたり、抽象的な語句を多く用いていたりする作品も少なくありません。このとき、他の随筆作品と文章表現の工夫を比較しながら読むことも有効です。どのような文章表現をすることで、読者はどのような印象を受けるかを整理し、効果と結び付けながら文章表現の工夫について学びましょう。ここでの学びが、いずれ学習者が自身の気付きや想いを随筆にまとめる際、役立つはずです。

❸▾作者の思想や想いに対して自分の意見をもつ

読み取った作者の思想や想いをそのままにするのではなく、それらに対して学習者自身はどう考えるか、自分の意見をもつ場を設定しましょう。自分の意見をもとうとする過程で、作品の理解が促されるとともに、学習者の視野を広げたり、思考力を高めたりすることができます。

❹▾学んだ視点や文章表現の工夫を用いて、随筆を書く

作品から学び得た視点や文章表現の工夫を取り入れた随筆作品を学習者自身が書く場を設けましょう。書き手の立場に立つことで、視点の魅力や文章表現の工夫がもたらす効果について実感を伴いながら学ぶことができます。

例えば、自分たちの日常生活における出来事や、見つけた小さな感動について自由に書く場を設けるとよいでしょう。学習者にとって身近な世界に取材することで、書くための材料を収集しやすいはずです。

しかしながら、自分の想いを自由に書くことに対して苦手意識をもつ学習者も少なくありません。なかなか書く内容を見つけられない、あるいは書きたい内容はあるが、書き出せずにいる学習者に対しては、イメージマップを用いて書く材料を膨らませ、整理させたり、授業者が提示した複数の書き出し文から一つを選択して続きを書かせたりするなど、個に応じた支援をしましょう。

⑤ 読書生活に接続する

学習者の多くは、日頃営んでいる読書生活において、随筆作品を手にとることが少ないように感じます。読書指導の一環として、単元の中で随筆作品の魅力に気付かせ、単元終了後も随筆作品を読もうとする意欲を高めたいものです。

単元の終末時に、一つの随筆作品から発展させて、多様な随筆作品を紹介したり、図書館や書店での随筆作品の探し方について確認をしたりするとよいでしょう。学習者の読書の幅を広げ、読書生活を豊かにするようなきっかけにするという視点をもって、単元構築に臨みましょう。

注　田辺洵一、井上尚美編著、藤原和好著『国語教育指導用語辞典第三版』教育出版　二〇〇四

Q

5　詩教材の指導

詩の指導はどのようにしたらよいでしょうか？

A　詩の内容と表現を学びながら詩的発想につなげていきましょう。

①文学作品の中でも、詩は読者に対して分かりやすく書かれているものではありません。詩の内容を分かりやすくして子供に伝えることがまず大事なことです。

内容を分かりやすくすることで、生徒たちの詩への抵抗感をやわらげてあげましょう。まず詩を嫌いにさせないことが大事です。

②作者によって表現が磨かれていること、その磨かれ方に作者によって独特なものがあることが詩の特徴です。個性的な在り方が自由に発揮されるところに詩のおもしろさがある、と生徒たちに伝えましょう。詩の作者が個性を発揮しているように、読者である生徒の読みも自由で個性的であることを大切に尊重しましょう。

③詩における個性的な在り方、つまり「詩的発想」は、生徒たち自身にも体験させたいことでもあります。それは、言葉を使った「非日常の体験」と言え、とてもおもしろいことだからです。

❶ 詩を分かりやすくすることが詩の指導の第一歩

「今度の授業は詩だよ」と教室で言って、「エ～!?」という生徒たちの不満の声を聞いたことはありませんか？　「物語の授業は好きだけど詩は嫌い」という生徒の割合は案外高いように思います。その主な理由は、「詩は難しくて分からない」と思われるところにありそうです。作者によって言葉数が絞り抜かれている詩作品は、説明的な分かりやすさがないものがほとんどです。ですから、教室で教師が言葉を補って詩の世界を説明してやることは、ありきたりなようでいて大事なことです。「詩なんて難しくて嫌い」という思い込みがあるなら、それを取り除くようにすることが指導の第一歩となるでしょう。もちろん教師が説明して満足してしまっては、それ以上生徒たちに詩を好きにさせることはできません。

> 詩の表現の特徴　＝　言葉数が少ない　→　「分からない」
> →　言葉を補って説明する教師の指導が有効
> →　しかし、「説明」して満足してはいけない

実は、「難しい、分かりにくい」ところにこそ詩の醍醐味があるとも言えるのです。それは、詩を読むことが、言葉を用いた「非日常の体験」でもあるからです。

②自由と個性を詩の表現から学ぶ

金子みすゞの「わたしと小鳥と鈴と」は、個性の賛歌として世に知られる作品です。なぜ金子みすゞが詩を書き、個性を賛歌したのか？　それは、私たちの生きる日常がときに個性を抑制するものであるからでしょう。生徒たちが生きる学校という場所も、ときに彼らの自由や個性を制限することがあります。そんなとき、生徒は学校や授業に息苦しさを感じるのです。しかし、詩の世界はそうした息苦しさとは無縁です。作者は自由に発想を広げ、自分なりの言葉で個性を表現します。詩の指導の第二段階は、作者による個性的な表現に学習者の目を向けさせることです。作者がどんな場面で、どんな思いでその表現を選びとったのかを想像させることで、生徒たちの思いが少しずつ作者に寄り添っていきます。寄り添い方は、生徒によって様々でしょう。作者が置かれた境遇や思いに同情を寄せる生徒もいれば、作者による言葉の選び方に驚き、言葉のもつ可能性の大きさに気付く生徒もいるでしょう。それらを交流する指導も個性的な在り方の尊重として意味があります。たとえ分かりにくく難解であったとしても、そこにこそ詩の本領がある。詩の作者は、非日常的な言葉づかいによって、個性を自由に発揮することの大切さを若い読者としての生徒たちに教えているのです。

> 詩の本領　＝　非日常的な言葉づかい　→　個性と自由の表現
> ↓
> 言葉の一つ一つに注目させる指導の意義「なぜ作者はこの表現を用いたのか？」

❸ 生徒に体験させてこその詩の指導

ここまで述べてきたように、読んだだけでは詩を本当に読んだことになりません。例えば金子みすゞの詩を童謡とも呼ぶように、詩作品は声に出して読まれることを前提に作られています。声に出すときに節を付ければ、詩は歌になります。ですから、詩の指導で大事なことは、ただ読んで頭で理解するだけでなく、理解は後回しにしても音読・朗読・暗唱することで詩の世界を体感することとも言えるのです。繰り返しになりますが、詩とはそもそもそのように作られているからです。

詩を声に出して読む指導は、様々な形式で行われていますので次にまとめてみます。

> ○音読　詩の文字を見ながら読む。声が自分の耳にはっきり聞こえることを意識させたい。
> ○朗読　ただ声に出して読むだけでなく、自分なりに大事な言葉を強調したり、感情を込めて読むようにさせる。聞き手を意識して相手の耳に届くように読ませたい。
> ○暗唱　文字を見ないで詩を声に出して表現する。より歌に近い形での詩の体験だが、暗記することと自体の楽しさを味わわせることも大事。
> ○群読　様々なグループをつくっての朗読・暗唱。変化に富んだ形態を工夫でき、活気のある授業をつくりやすい。

ここまで来ればもう「詩なんか嫌い」と言い張る生徒もいなくなるでしょう。詩の指導は、生徒を国語嫌い、文学嫌いから解放する可能性を豊かにはらんでいるとも言えるのです。

Q

6　短歌・俳句の指導

短歌・俳句はどのように指導したらよいでしょうか？

A　日本独自の短詩型文学の特徴を知り、表現につなげていきましょう。

①短歌・俳句の定型表現と技法

短歌

白鳥は（五音）
哀しからずや（七音）
空の青（五音）
海のあをにも（七音）
染まずただよふ（七音）

（若山牧水）

俳句

柿（季語）くへば（五音）
鐘が鳴るなり（七音）
法隆寺（五音）

（正岡子規）

②創作によって広がる学び

コンクールへの応募や和歌の現代短歌訳などを通して創作に親しませましょう。学級で歌会や句会などをすると盛り上がります。

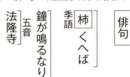

❶ 短歌・俳句の定型表現と技法

短歌も俳句も日本独自の短詩型文学です。短歌とは、『万葉集』などに見られる長歌に対して五・七・五・七・七の三十一音（三十一《みそひと》文字）から成る短い和歌を指す場合と、近代詩歌のジャンルの一つを指す場合とがあります。いずれも一首、二首……と数えます。

一方、俳句は和歌（短歌）の流れを汲み、俳諧連歌の発句が独立して生まれた五・七・五の十七音から成る世界で最も短い短詩型文学で、一句、二句……と数えます。授業では文学史の詳細にまで踏み込む必要はありませんが、教科書では別々の機会に取り上げることの多い和歌と近現代短歌、俳諧と俳句とをそれぞれ別のものとして扱うのではなく、和歌から続く流れの中にあるという意識をもちながら指導することが大切です。

短歌と俳句には文字数（音数）の違いだけでなく、それぞれ表現上の特色があります。短歌は俳句より情報量が多い分、情景や心情をより丁寧に詠み込むことができます。一方、俳句はわずか十七音という制約の中、季語を詠み込むというきまりごとによって豊かな季節感を表現することができます。また、切れ字を用いて余韻や感動を表すこともできます。ただし、五・七・五の型や季語などのきまりごとにとらわれない自由律俳句・無季俳句もあります。また、俳句は今やハイク（ＨＡＩＫＵ）として海外でも愛好者が増えています。

俳句は短歌に比べ短いため一見簡単そうに感じられますが、思い切った省略もあるので、読み手がそのぶん想像力を働かせて補わなければなりません。歌人の俵万智さんは俳句のリメイクに挑戦し、「七・七があるぶん、短歌のほうには物語を付け加えることができた」と書いていますが、短歌と俳句の違いを的確に言い表していると言えます（俵万智『短歌をよむ』岩波書店、一九九三年）。

> 使用済みテレホンカードの穴冴える　（季語…「冴える」冬）
> 使用済みテレホンカードの穴冴えて思い出せない会話いくつか

❷創作によって広がる学び

短歌・俳句の学習では、作品鑑賞だけでなく、自らが詠み手となることにより主体的に取り組み、作品の表現の巧みさや奥深い世界に気付くことができます。各種コンクールを活用し、皆で応募する機会を設けることも動機づけの一つとして有効かもしれません。ただし、応募そのものが最終目的とならないよう心がけたいものです。互いの作品を批評・鑑賞し合い、言葉の力を伸ばす学習につなげていきましょう。以下に創作活動の例を三つ紹介します。

一例目は、型に当てはめての創作。江戸時代末期の歌人、橘曙覧《たちばなあけみ》（一八一二〜一八六八）は、日常生活におけるささやかな喜びを「たのしみは朝おきいでて昨日《きのふ》まで無かりし花の咲ける見る時」のように平易な和歌に詠みました。これにならい「たのしみは……（する）時」の型で作るのです。「たのしみは一番のりの教室で窓をするりと開け放つ時」「たのしみは放課後教室居残りて友と一緒に笑いあう時」は実際に生徒が創作した短歌です。

二例目は、和歌の現代短歌訳。例えば百人一首七七の「瀬をはやみ岩にせかるる滝川のわれても末にあはむとぞ思ふ」を、ある学習者は「私達今は離れてしまってもいつかある時再会しよう」と訳し、別の学習者は「離れてもいつか再び逢えるだろう二人の心は変わらないから」と訳しました。これらを比較し考えを述べ合う学習も成立します。

三例目は、学校行事などの機会を活用して創作する方法で、一種の題詠です。実際に見聞きした風景や体験が詠み込まれますので、共感も得られやすいでしょう。短冊や葉書大の大きさの用紙に絵なども交えて筆（筆ペン）で書くと、楽しみつつ取り組めるでしょう。学習者の生活環境にもよりますが、日常生活から季節感が急速に失われつつあり、なじみの薄い季語が増えてきています。歳時記も活用しましょう。「風薫り水面《みなも》が光る伊豆の海」「トンネルに響く天城《あまぎ》の走り梅雨《づゆ》」は、修学旅行で伊豆半島を訪れた学習者の作品です。

創作作品を基に歌会や句会を開くのもよいでしょう。提出された作品を匿名で一覧にし、よいと思う歌や句をいくつか選ばせます（自作を除く）。結果を集計し、上位に選ばれたものを皆で批評します。最後に作者名を披露すると盛り上がるでしょう。

批評の際には推敲の視点も大切にしたいものです。芭蕉が『おくのほそ道』の旅において立石寺で詠んだ句には、次のような推敲過程が知られています。

山寺や石にしみつく蟬の声　→　さびしさや岩にしみ込む蟬の声　→　閑かさや岩にしみ入る蟬の声

こうした例を引き合いに出しながら、どのように推敲すればよりよい句になるかを考えさせることも、主体的な学びにつながります。

Q

7　学習課題の立て方

学習課題の立て方に迷うことがあるのですが、どうしたらいいでしょう？

A　まず単元の目標を考え、その目標を意識しながら学習課題を考えて配置し、単元の流れをつくりましょう。

①まず、生徒の実態を基に、単元の目標を立てます。

②単元の目標を達成するための学習課題を考えます。

目標＝登場人物の描写から、その人物の心情の変化を捉える。

人物関係図をつくる。

登場人物の人物像を捉える。

場面構成を考える。

③大きな目標に戻りつつ、学習課題を取捨選択して配置し、単元の流れをつくります。

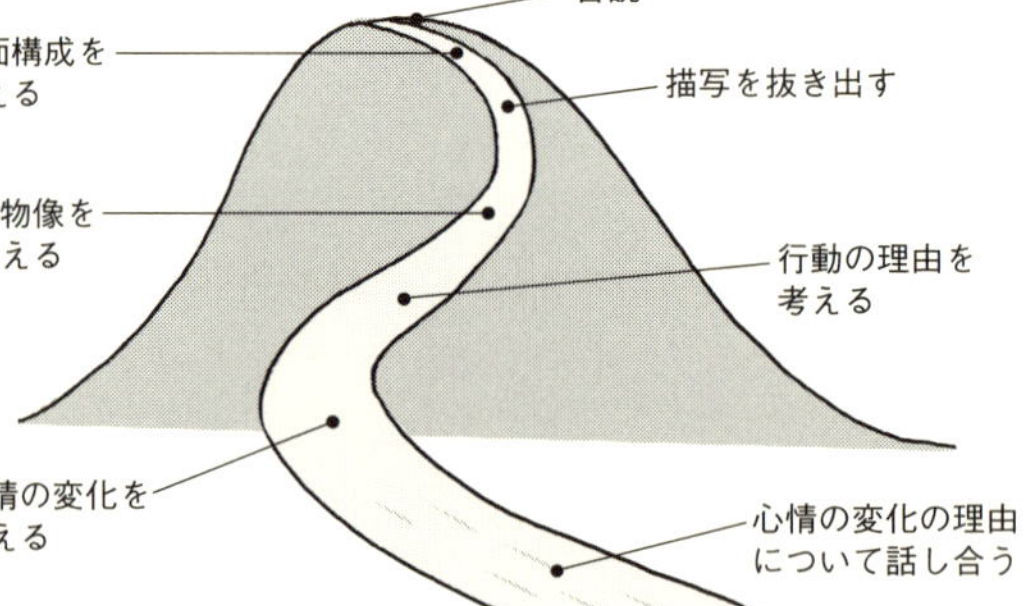

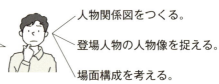

❶まず、学習者の実態を基に、単元の目標を立てる

文学作品は、教材として様々な可能性をもつものだと思います。それだけに、様々な授業の進め方、学習課題の立て方が考えられます。どのような学習課題を立てて授業を行うか、迷う場合も多いでしょう。

どのような学習課題を立てるか迷ったとき、指導者が一番先に考えなければならないことは、生徒の実態です。生徒はどのような言語生活を送っているか、生徒はどのようなことを学んできたか、生徒に不足している国語の力は何か、生徒はどのようなことに興味・関心をもつかといったことをしっかりと考えましょう。そしてそこから単元の目標を立てましょう。もちろん、学習指導要領には当該学年で指導すべき指導事項が示されていますし、教科書には文学作品を扱う際の目標が示されています。しかし、生徒の実態は一つ一つの教室で違うわけですから、目標も生徒の実態に合わせて修正することがのぞましいと言えます。

❷単元の目標を達成するための学習課題を考える

単元の目標が決まったら、その目標を達成するための学習課題を考えていきます。

例えば、「登場人物の描写から、その人物の心情の変化を捉える」ということを単元の目標に設定したとします。登場人物に注目するわけですから、「登場人物の人物像を捉える」「登場人物同士の人物関係図をつくる」といった学習課題が考えられます。また、「描写」と「心情」の結び付きを考える必要がありますから、いくつかの場面の登場人物の様子や会話、行動の描写からそのときの登場人物の心情を考える学習課題が考えられます。「心情の変化を捉える」ために、その心情変化のきっか

けとなった出来事や登場人物の言動は何かを考える学習課題も考えられます。しかし、ある場面とある場面を比較して登場人物の心情が変化しているとしたら、どのような場面構成になっているかを考える課題がその前に必要になってきます。登場人物を描写した部分に難しい語句があれば、その意味を辞書などで確認する学習課題も必要です。このように、ある学習課題に取り組むために必要な学習課題も考えていきましょう。

もちろん、ここで示したのはあくまでも例です。実際には、生徒の実態や扱う文学作品の教材としての特性に即して学習課題を考えていく必要があります。

③ 大きな目標に戻りつつ、学習課題を取捨選択して配置し、単元の流れをつくる

せっかく学習課題を多く挙げても、それらを全て行うことはできない場合がほとんどでしょう。学習課題を取捨選択し、ひとまとまりの単元としていく必要があります。

取捨選択していく際の基準としては、大きく三つあると考えられます。一つ目は、生徒が興味をもって取り組むことができるか、生徒にとって易しすぎる課題・難しすぎる課題となっていないかといった「生徒の実態」、扱う文学作品はその学習課題を設定するのにふさわしいかといった「扱う文学作品の教材としての特性」、どのくらいの授業時間数が確保できるかを始めとした「授業を行う上での制約・条件」の三つです。これら三つを念頭に置き、一つ一つの学習課題がつながりをもって一貫性のある学習となるかも意識しながら学習課題を取捨選択し、単元の流れをつくっていきましょう。

このときに大切なのは、折にふれて、出発点となった単元の目標に立ち返ってみることです。たとえ学習課題が一続きの学習としてつながっており、「生徒の実態」「扱う文学作品の教材としての特性」

「授業を行う上での制約・条件」という面でも問題のないものだったとしても、目標を見失っていたのではよい単元にはなりません。実際の授業が始まってからも、単元の目標に戻って学習の方向を確認することを大切にしましょう。

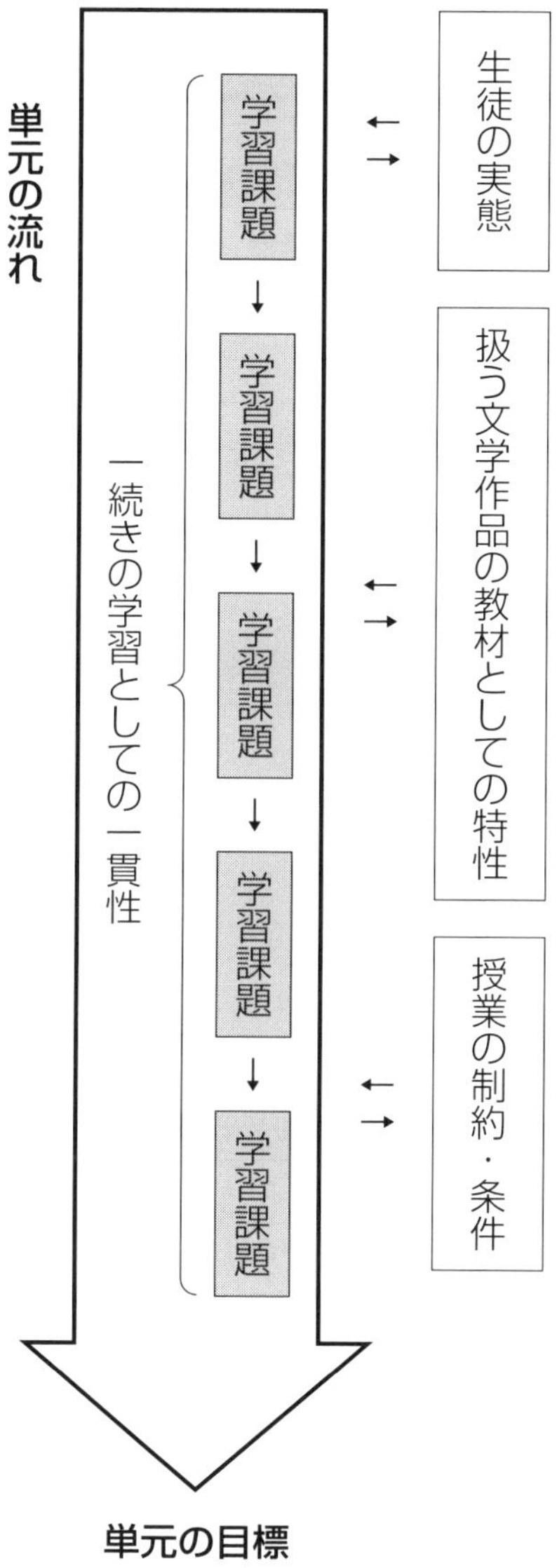

Q

8　関連資料から深める読み

関連資料をどのように集め、活用したらよいでしょうか？

A　扱う作品に関わってアンテナを張っておくことが大切です。

①ヒントは日常生活の中にあります。

インターネットから

新聞から

旅先で

②学習材化に備えて温めておきましょう。

面白い記事、使えそうなコラム、便利なサイトなどを、テーマ別に整理してまとめておきましょう。

③授業に投げ込むポイントを考えましょう。
集めた資料は、単元の導入で興味・関心の喚起に用いるなど、効果的なタイミングを見定めて使いましょう。

❶ヒントは日常生活の中にある

授業を活性化し、生徒に言葉の力を身に付けさせる上で、教科書教材以外の学習材の果たす役割は小さくありません。指導書にも選りすぐりの資料が紹介されていますが、新鮮かつ魅力ある学習材を発掘するために、常日頃からアンテナを高く張り、テレビ番組、新聞、書籍、インターネットなどから学習材となりうる素材（文字・映像）を幅広く収集する努力が大切です。資料がすぐに見つかることは期待しにくいですが、日頃から何本もアンテナを張り巡らしておくと、関連する様々な情報が自然と目に留まるようになります。必要な情報が向こうから近付いてくるように感じられる瞬間もあるでしょう。とりあえずメモする、スクラップする、コピーする、スキャンする、録音・録画するなど、自分なりの方法で保存しておきましょう。

特に新聞紙面は関連資料の宝庫であり、生きた学習材です。様々なコラムや記事、読者の投稿欄などの中に、授業に使えるヒントがたくさん見つかります。歌壇・俳壇や詩のコーナーに、韻文（詩、短歌、俳句など）の学習で使える作品があるかもしれません。教科書所収の作品の作者（太宰治、夏目漱石、森鷗外など）に関する記事も時折掲載されます。インターネット上で公開されている各種コンクール入選作品の中にも有用な学習材があるでしょう。特に、大学が主催する短歌や俳句のコンクールでは、作者が学習者と同年代の若い世代であることもあり、部活動や友達・家族など身近なテーマに基づいた、共感しやすい作品が多く見受けられます。さらに、様々な催し物や展覧会などに精力的に出向いたり、旅行で訪れた際に文学館や記念館、文学碑、作者ゆかりの土地に足を延ばして資料を入手したりするのもよいでしょう。また、読書をしていてあの教科書教材と比べ読み、重ね読みさせたいとピンとくる作品に巡りあうかもしれません。絵本もしかりです。また、アニメも含め定番教材を映像化した作品にも目を配りたいものです。

なお、学習者自身による言語活動の成果も、有益な学習材となります。学習の一環として行われた発表活動の記録（音声・映像）やワークシートに記された様々な読み、創作作品、振り返りの文章の類、すなわち話したり書いたりしたもの全てが関連資料です。指導者としての経験を積むにつれ、過去に似たような単元を実施した際の成果物も蓄積していきます。在校生・卒業生を問わず先輩の学習成果を活用することで、生徒の意欲が増すという効果も期待できそうです。

❷▾学習材化に備えて温めておく

このようにして集まった資料の中には、すぐに授業で使えるものもあれば、数年経って初めて役に立つものもあるでしょう。時間のあるときに見直してどのような資料がどれくらいあるかを把握し、テーマ別に整理・分類しておくと活用しやすくなります。折にふれ、この資料はこのように使えそうだと学習者の様子を思い浮かべながら単元の構想を練るのも楽しみです。また、一冊の書籍をまるごと読む場合を除き、入手した資料がそのままの状態で学習に使えるとは限りません。学習材として使えるよう、単元のねらいに沿う形へと指導者が適切に加工する必要があります。

授業の受けもち方にもよりますが、定番の教科書教材は数年に一度しか授業で扱う機会が巡ってこないかもしれません。結果的に何年間も温めておかざるを得ないこともあるでしょう。しばらく寝かせておき、ここぞという機会に満を持して活用することも大事だと考えます。時事的な出来事を扱った資料であっても、後日、それを活用するにふさわしい時期が訪れる場合もあります。例えば、阪神・

淡路大震災が起こった年に生まれた生徒と共に短歌の学習を行ったときは、導入として『阪神大震災を詠む』（朝日新聞歌壇俳壇編　朝日新聞社　一九九五年）所収の短歌数首を扱うことで、歌のもつ力を実感させ、その後の学習につなげることができました。

> いち早く神戸にとびてボランティアをつとめて帰りし君寡黙なり　（飯田市　熊谷勝子）
> 窓口に少年一人黙しつつ死亡届をそっと差し出す　（桶川市　佐藤政實）
> 生きている生きているよとそれのみを言いて終りぬ友の電話は　（神戸市　林田幸子）

書籍に収められた数多くの短歌の中から「歌のもつ力」を実感できるものを選び抜く過程こそが、資料の「加工」なのです。

❸▶授業に投げ込むポイントを考える

関連資料を授業で使う場合、単元の指導計画においてどのタイミングでどのように活用すれば最も効果的であるかは、思案のしどころです。資料の種類や使用目的を、単元のねらいや付けたい力などと考え合わせ、吟味しておく必要があります。

例えば、新たな単元に入る際の導入として資料を提示する場合は、学習者の興味を喚起し主体的な取り組みを促す意味合いがあるでしょう。また、教科書教材を用いて生徒に何らかの言語活動をさせる場合、別の資料を用いて指導者が見本を示すという活用方法もありえます。さらに、比べ読みや重ね読みによって作品を読み深めることを意図するなら、学習の中心に据えることになります。

Q

1　音読・朗読

音読、朗読指導はどのようにしたらよいでしょうか？

A

作品の言葉をきちんと捉え、読む目標をもたせることが大切です。

①語句の意味を捉えます。

この説明文、黙読だけでは内容があまり頭に入ってこないけれど、声に出して読むと文章の中の言葉の切れ目や意味の切れ目がよく分かって、理解しやすいなあ。

②声に出すことの意味を把握します。

「いにしへの」と書いてあるけれど、読むときは「いにしえの」と読むのだなあ。声に出して読んでいると、歴史的仮名遣いの部分を現代仮名遣いではどのように読むのか自然とわかるようになるなあ。

③誰とどんな読みをするか考えます。

平家物語のリズミカルで迫力のある文章を、場面の劇的な様子が伝わるように読みたいなあ。よし、班で人数や立ち位置を変えながら、朗読してみよう。

谷川俊太郎さんの「朝のリレー」は素敵な詩だなあ。どんなことを伝えようとしている詩なのだろう。班のみんなで話し合って、工夫して朗読してみたいなあ。

国語教育指導用語辞典第三版（二〇〇四）では、「音読」「朗読」の違いについて、「音読とは、無意識に声を出す行為や、文意を確認するために声を出して読んでみる行為などを指す。また、朗読とは、文章の内容や文体、そこから受ける感動などを、聞き手に音声化する行為を指す。」と説明されています。身に付けさせたい力は何かを見極め、場に応じてどちらを選択すべきか考える必要があります。

❶▼語句の意味を捉える

説明的文章や古文に対して苦手意識をもっている生徒は少なくありません。声に出して読むことで、イントネーションを付けたり、間を空けたりして読むことができ、単語や意味の切れ目が分かり、理解が深まります。黙読では得ることのできない効果です。繰り返し音読する中で、一つ一つの語句の意味や、文章の構成が理解でき、文章全体で伝えようとしている内容が理解できるようになります。

音読は小学生の頃にも経験したことのある学習者が多いと思われますが、それぞれの学習経験は異なりますので、適切な速度や音量、抑揚やイントネーション、間の空け方など、声に出して読むときの基本的な観点について改めて共通理解を図りましょう。一つの作品を分担して大勢で読んだり、班ごとでの音読や、朗読を比較したりするとよいでしょう。

また、これらの事項について工夫をすると、どのような効果が得られるかという点についても考える機会をもちましょう。声の強弱を付けて読むと聞き手の印象はどう変わるのか、間を空ける時間を変えると伝わり方はどのように変わるのかなど、工夫とその効果について実感をもって学んでおくことが、豊かな朗読の基礎となります。また、日常生活において、音声言語を通して他者と関わっていく際にも役立つはずです。

❷ 声に出すことの意味を把握する

古文教材の一部を、すべてひらがなに改め、提示し、音読してみましょう。ただの文字の羅列も、音読を繰り返すうちに、意味をもった作品に変わっていきます。音読し、単語の切れ目を意識して読むことの価値に自然と気付くことができるはずです。特に、古文は現代語とは異なる語や言い回しが多い文章ですから、単語を区切りながら読むことが理解に大きく役立ちます。抽象語が多く含まれる説明的文章も、音読を繰り返すうちに接続語の働きが実感され、段落同士の関係に気付いたり、文章全体の構成が明らかになったりして、理解が深まることが多いものです。音読することが文章理解に役立つことを実感をもって学ばせるとよいでしょう。

また、詩や文学的文章を、自分一人で、あるいは、仲間とともに音読する場を設け、声に出して読むことの心地よさや楽しさを味わう機会をもつとよいでしょう。自分で発した声を聴き、響きを自覚しながら「音読」の心地よさにひたることで、声に出して読むことのよさを実感することができます。

仲間とともに音読する際は、クラス全員での「一斉音読」だけでなく、様々な形態で取り組ませ、互いに学び合う機会をもちましょう。例えば、座席が隣の生徒とペアになって聞き合ったり、アドバイスをし合ったりと、他の生徒の音読から学び、自分の音読に生かす場をもつとよいでしょう。

音読指導を始める時期に関してですが、学級の中には、声に出して自由に表現することに対して抵抗感をもつ生徒もいます。発達段階が上がるにつれ、恥ずかしさを感じる生徒も少なくありません。一年生の授業開きの頃に、声を出して読むことの魅力に気付かせたり、クラスの仲間の前で声に出して表現することに十分慣れさせたりしておくことをおすすめします。

③ 誰とどんな読みをするか

作品を朗読し、発表する機会をもちましょう。登場人物の台詞を大きな声で力強くゆっくりと読むべきか、速度を上げて小さな声で読むべきかなど、最もふさわしい朗読の仕方について考える前提として、場面の状況や登場人物の心情、台詞がもつ意味をどのように捉えるかということについて考えることが必要不可欠となります。すなわち、朗読の工夫を考える過程では、登場人物の人物像や心情に迫ったり、作品全体の主題について考えたりと、作品の読解を深める場が自然と与えられるのです。同じテキストであっても、その読解の仕方や朗読の方法は様々です。規模は問いませんが、完成した朗読を発表する場を設けましょう。互いの朗読発表を比較することで、個々の学習者が作品をどのように読み、その読みをどのように朗読に生かしたかという点が明らかになります。学習者は自分のものとは異なる読みや朗読から、新たな読解の視点や表現の方法を学べるでしょう。

また、一人での朗読だけでなく、仲間と共に「群読」する学習活動も有効です。一人で声を出して表現することに抵抗感をもつ学習者も、学校生活を共にしている仲間と工夫を凝らしながら読むことには喜びを見いだすことができます。

どのように読むべきか複数人で話し合い、練習を重ねて朗読を磨き上げていく活動は、一人で朗読の方法を追究し、完成したものを交流する活動とは異なる学びの深まりや楽しさをもたらすはずです。群読に慣れていない学習者は、読む人数の工夫や声の重ね方の工夫などに気付きにくい可能性がありますので、教師側から、「一人で作品を朗読した音声や映像」と、「複数人で朗読した音声や映像」とを提示し、効果の違いに気付かせるという方法も有効でしょう。

Q

2　初発の感想の生かし方

初発の感想をどのように授業で活用していくとよいでしょうか？

A　一人一人の読みの出発点となるもの、立ち返っていくものとして、大切に扱いましょう。

①一読した段階での読みをありのまま書き留めることが、学習の出発点となります。

明らかな誤読 → 誤解を解く読みをする中で、時・場面・人物などの設定やあらすじを押さえ、学級で共有できる。

否定的な感想
表面的な表現 → 次時以降の展開を考える材料となる。

どのような
叙述からそのように
感じたのですか。

②初発の感想を問いに結び付けていきましょう。

楊《ヤン》おばさんは嫌な人
だと思いました。

なぜそう思ったのか、
楊おばさんについて
書かれている箇所を
探してみましょう。

❶ 一読した段階での読みをありのまま書き留めることが、学習の出発点となる

初発の感想（一次感想）を書く意義は、その時点での自らの読みをありのまま書き留めておくことにあります。「分からなかった」「つまらなかった」など否定的な言葉を書き連ねるもの、「感動した」「面白かった」などと作品を好意的に捉えてはいるものの表面的な表現に留まるもの、明らかな誤解に基づくもの、すでに作品の奥深くまで迫っているものなど、生徒の力のばらつきが目に留まります。学習者にとっては自らの読みを主体的に深めていくための出発点であり、指導者にとっては次時以降の授業の展開を考えるよい材料となります。誤った読みも即座に否定したりせず、学習の中で自ら気付いていけるよう導いていきましょう。

❷ 初発の感想を問いに結び付けていく

魯迅の「故郷」を例に考えます。「楊おばさんは嫌な人だと思った」という感想に対しては「なぜ嫌な人物だと思ったのか」と問うことができます。また、もう少し具体的に「楊おばさんがあれこれ嫌みを言う場面を読んで不愉快になった」という感想に対しては、「なぜ読者を不愉快にさせるような人物が登場するのか」「楊おばさんを登場させる意義は何か」と、作者の意図について考えさせることもできるでしょう。生徒が作品のどこに注目したかを分析し、指導者による発問という形でフィードバックする、感想を資料として配付しそれを基に学習者（個人あるいはグループ）に問いを立てさせる、などの活用方法があります。事前に準備した発問に加え、初発の感想を生かして問いを発することで、主体的な取り組みを引き出すことができます。なお、学習を終えた最終段階ではぜひ、深まった読みに基づく感想（二次感想）を書かせ、自らの読みの変容を振り返る時間をとりましょう。

Q

3 発問と読み深めの関連

どのような発問から読みは深まるのでしょうか？

A 学習課題が確認でき、学習内容と成果が確認できる発問を考えましょう。

①発問を工夫することは、教材研究や授業づくりの上で、最も大事にしなければならないことの一つです。

教材研究

生 徒 ← 発 問 ← 教 師

授業づくり

生徒の学びを促す教師の発問は、第一に分かりやすく伝わるものでなくてはいけません。そのための表現を工夫しましょう。

②一時間の授業の中心となる発問を定めましょう。その発問は、教師が達成したい生徒の学びを言語化したものになるはずです。

補助の発問 → メインの発問 ← 補助の発問

↓

発展の発問

「メインの発問」の周辺には、学びを達成する上で助けとなる「補助の発問」が存在します。次の学習を導くような「発展の発問」も考えられます。発問の構成を考えることは授業づくりの肝となることです。

③文学作品を読み深めるための発問づくりとして、生徒の疑問を土台とするのは有効な方法です。文学の読みは、生徒の人数分存在しているもので、生徒たち自身も「自分の読み」を大切にしたいと思っています。生徒の疑問から発する発問づくりが、文学の授業において有効なのは、そういう意味からです。

❶ 発問づくりは授業の要＝授業のねらいを言語化する

授業づくりの要はなんと言っても発問です。発問は、その授業における教師のねらい、ときには願いを言語化したものと言えるからです。教師のねらいが生徒に伝わるために、まず発問は分かりやすくなされなければなりません。なるべく単純明快に言い表すことが大事です。教師の発問がよく伝わらないと生徒たちは困惑し授業はたちまち遅滞します。特に大事な発問は板書したり、あるいはワークシートに文字で書いたりと視覚化することも分かりやすく伝える方法の一つです。教師が指導案をつくる際にも、大事な発問はそのまま台詞として書いておくとよいでしょう。

発問づくり → 授業づくりの要 → 教師の工夫が大事
＝
授業のねらい　教師の願い

← 簡潔に言い表す
板書やプリント＝文字＝視覚化

よく生徒が困るのは、教師が何度も発問を言い直して（生徒に伝わってないかなと思うと繰り返して言いたくなるものです）、言い直すたびに少しずつ教師の言い方が違っていると「先生は何を聞きたいのかな？」と迷ってしまうことです。やはり発問は、どのような言葉を使って言うかまで丁寧に考えておかなければいけませんし、その言葉は簡潔であることが基本です。

❷ 発問の構成を工夫する＝発問の構造化

一時間の授業内で教師の発問が一つだけということは、あまりないでしょう。教師は複数の発問によって生徒の思考を導いたり、学習活動を促したりして授業を運営していきます。その複数存在する発問のうち、どれがその時間で最も大事な発問なのかを、教師は自覚しているべきです。仮にその発問を「メインの発問」と呼んでおきます。メインの発問は、その授業で教師がねらっていることを言語化したものですから、それが「メイン」であることが生徒にも分かるように授業をつくっていくべきです。そのために有効となるのが、複数ある発問の構成を教師が意識することです。メインの発問が授業の中で有効に働くように、補助の発問をつくります。あるいは、メインの発問から派生する学習活動を導くような発展的な発問を用意することで、生徒の読み深めを促すこともできます。言い換えれば複数の発問が単発的に発せられるのではなく、発問と発問のつながりを教師が意識することでです。そのつながりの中でメインの発問をしたときが、授業が盛り上がる場面です。それを生むことができるかどうかは、教師の発問づくりにかかってくるのです。

> 発問の構造化　＝　教師が発問と発問のつながりを意識すること
>
> 　　　　　　　　　⬇
>
> 授業の盛り上がり　→　生徒の学習意欲、学習の能率化　⇒　文学を読み深める手立て

❸ 生徒の疑問から発問をつくる＝文学を読み深める

初めに①②で述べた発問づくりの要点をまとめておきましょう。

有効に働く発問
○簡潔で平易な表現で言うこと。あるいは文字に書いて視覚化すること。
○あいまいな言い方でむやみと繰り返さないこと。
○特に主要な発問からは、授業のねらいや教師の願いが読み取れること。
○単発的ではなく、つながりが感じられるように発問を構成すること。
○つながりの中で主要な発問が授業の盛り上がりを生むことを意識すること。

ここまでは、発問づくりの一般的な事例でしたが、文学を読んでいく上で有効となるのが、生徒の疑問から発問をつくることとです。学習者がもつ「自分の読み」を尊重する姿勢と言え、生徒たちには歓迎されることが多いでしょう。これを行うためには、まず教師が生徒の読後疑問を把握しなくてはなりません。初発の感想を言わせたり、ワークシートに書かせたりすることの意味がここにあります。教師は、生徒の疑問の在りかを知り、その個人的な疑問のどれを教室で展開したらよいかを計画します。それこそが教師の教材研究です。生徒の疑問のうち、文中の表現に注目したものを取り上げるようにすると、文学の授業の焦点が「作者が用いた表現」に絞られてきます。そうなれば、授業は自ずと「作品を読み深める」方向に向かっていくことになるでしょう。

Q

4 意見交流と共有から生まれる学び

意見交流と共有からどのような学びが生まれるのでしょうか？

A 一人で考えることを大事にしながら、人から学べることを喜べる環境をつくりましょう。

①文学の授業では、第一に学習者の「自分の読み」が尊重されなくてはなりません。それがなくては、意見の交流や共有が実現できません。

まず生徒一人一人の「自分の読み」をもたせる時間を保障すること。その上で、それらを交流する活動を工夫しましょう。

②生徒が「自分の読み」を仲間に向けて発信するためには、「自分の読み」が教室の中で否定されないという安心感が必要です。

その安心感に立って意見交流を図る中で、学習者は自分の考えが広がったり深まったりしていくことを実感することができます。

③意見交流や共有を通じて仲間の意見を知ることは、学習者にとって楽しいものですから、様々な活動を工夫することができます。また、グループ学習の形態を用いて、課題追究的に文章を読んでいくこともできます。意見交流や共有は、その入り口になることを心得て、授業展開をつくっていきましょう。

❶交流・共有の前提となるのは「自分の読み」をもたせること

文学教材を用いた授業では、学習者一人一人の読みを「自分の読み」＝「自分なりの読み」として尊重することが授業づくりの第一歩となります（二三頁「文学作品の読み」の項目を参照）。これには、初読時に感想を書き留めさせておくことが有効です。もちろんノートに書かせてもよいでしょうし、教師がワークシートを作って、そこに初読の感想を書き込める欄を用意しておけば、その後の交流・共有活動を円滑に進めることができます。ワークシートの作成例を示しておきます。

『走れメロス』太宰治	2年○組△番○○○○
A　初めに作品を読んだ感想をまとめておこう。印象に残った表現があったら抜き出しておこう。	
B	C
D	E

このワークシートでは、Aの欄に初読後の感想をまとめさせておきます。このとき、表現に目をつけるような問いを付け加えておくと、後の学習の展開につながりやすくなります（B～E欄の使用法については次の頁から詳しく述べています）。

❷ 意見の交流・共有＝「自分の読み」を互いに尊重し合う

ここでは、前頁に示したワークシートを用いた、意見交流・共有の例を解説します。文学教材における「自分の読み」の尊重は、実際に教室での授業場面において生徒がそれを実感できなくてはいけません。意見交流・共有は、その有効な手立てとして働きます。例えば、前頁のワークシートAの欄に書き留めた初読感想を、互いに交換して読み合う活動を仕組みます。生徒たちは、仲間の感想を読み、「自分のとはだいぶ違うなあ」とか「ちょっと自分のと似ているぞ」、あるいは「すごく深い読みができてるなあ」といった思いをもちます。そうしたら、その思いをBの欄に書かせるのです。もちろん、B欄のコメントの質を確保するための教師の支援は必要となります。そして、紙をA欄を書いた生徒に返します。「自分の読み」に対する仲間の感想が書かれた紙が手元に戻るわけです。このとき、大抵の生徒は「自分の読み」が認められたことを実感して嬉しそうな顔になります。

A（初読の感想）	B Aを読んでの友人からの意見 ○○より	D
	C Bを読んでの本人のコメント	E

ワークシートを用いたA→B→Cの流れは、「一対一」の交流・共有の例です。Aを教室全体に向けて発表させたり、グループをつくり、班の中で読み合ってBを書くなど、多彩な学習活動を展開する工夫は可能です。

❸ 意見の交流・共有を課題追究につなげる＝文学的な深い読みを目指して

Aの欄の「自分の読み」は不変のものではありません。あくまで初読時の感想なのであって、それが授業を通じて変容したり深まったりするところに文学を教室で読むことの意義があります。この「変容」や「深まり」は、もちろん教師が「教える」ことによってももたらされますが、できれば生徒同士の交流・共有をうまく働かせた主体的な学習活動を工夫したいところです。主体的学習ならではの充実や楽しさを味わわせたい。そうした学習は、ワークシートのD、E欄を使うとよいでしょう。「自分の読み」が意見交流を通じてどのように変容したのか、深まったのか、それを書かせるのです。

D　少女がメロスに「緋のマント」を捧げる結末にはどんな意味があると思うか。自分の考えを書いてみよう。	E　最後の感想をまとめてみよう。A欄の初めの感想とくらべてみよう。

Dは教室全体での討議の中でポイントになる問いに自分の考えを書く例。Eは初読時と比較して最後の感想を書く例。

ワークシートを用い、AからEへと意見交流や共有を図りながら、「自分の読み」を深めていく学習の例を紹介してきました。段階的に学習が進んでいくことが、生徒に実感できる点で有効な方法です。一方、交流が図られない文学の授業では、わざわざ教室で一つの作品を読む意義が薄いと言わなくてはなりません。生徒は、仲間たちがどんな思いで作品を読んだのか、自分とどう違うのか、あるいは同じなのかを知りたがっています。それを知らせるのが教師の役割なのです。

Q

5　グループ活動

グループ活動はどのようなときに必要でしょうか？

A 個々の考えを交流する場面、協働して一つの課題を追究する場面で設定しましょう。

①同じ教室で学ぶ仲間と意見を交流する中で、自分の考えを確かめたり、広げたりさせましょう。

Ａくんの考えとぼくの考えは少し違うぞ。本文の中で注目した部分がＡくんとぼくとでは違うようだ。
注目する部分の違いでこんなに読み方が変わるなんておもしろいなあ。

②「グループでなければ追究できない課題」「グループで追究してよかったと思える課題」について、班として一つの答えを導きます。

「少年の日の思い出」の「少年」はなぜ、蝶を一つ一つ押しつぶしてしまったのだろう。なんとなく分かる気がするけれど、言葉にするのは難しいなあ。

なるほど、Ｂ君はここに注目してこう考えたのか。
班の意見をまとめると、新しい答えが見つかりそうだ。

③グループでの追究が停滞してしまうことがないよう、教師の丁寧な準備と支援が必要です。

・活動内容や活動時間に合ったグループ形態の検討とグルーピング
・グループ活動の「手引き」の提示
・グループ活動の可視化・記録と支援

❶ 同じ教室で学ぶ仲間と意見を交流する中で、自分の考えを確かめたり、広げたりする

学習者は時間をかけて導いた自分の考えを他の生徒に伝えたいという願いをもっています。一方で、同じ課題に対して、クラスの仲間がどのような考えを抱いているか、強い興味をもっています。グループでの活動は、クラス全体で行うものに比べて規模が小さいため、対話が生まれやすく、相手の考えに対する質問や意見を相互に交わしながら、学んでいくことができます。また、全体の場で自分の考えを発表することに不安を抱いている生徒も、グループでの発表ならば抵抗感なく、自分の意見を伝えることができます。

重要なのは、一人一人の生徒が自分の意見をしっかりもったところで意見共有を行うということです。自分の考えが確立していない時点でグループ活動の時間をもってしまうと、積極的な対話や学びの深まりは成立しません。「自分はこう考えたけれど、友達はどのように考えたのか知りたい」という意欲が十分喚起されたところで、グループでの意見共有の場をもつことが重要です。

❷ 「グループでなければ追究できない課題」「グループで追究してよかったと思える課題」について

班として一つの答えを導き出す

クラス全体の前で、班ごとに発表する場を一つのゴールとして据えることで、協働してつくり上げるための対話の場が自然と生まれます。一人では答えを見つけることが難しい抽象度の高い課題についても、グループの友達と活発に意見を交わす中でヒントを得て、答えを導くことができ、その過程で思考力や表現力が高まっていくのです。また、グループでの調査や発表の過程で分担がなされる場合があります。協働して一つのものをつくり上げるために、責任をもって自分の分担について調べた

り、考えたりする場が自然と生まれ、個々の積極的な学習活動への取組につながります。

❸ グループでの追究が停滞してしまうことがないよう、丁寧な準備と支援を

これまで述べてきたようにグループ活動は多くのメリットを有していますが、一方で、教師が同時に全ての班について十分な指導をすることが困難なため、班によっては充実した対話が行われないまま、時間が過ぎてしまうという危険性もあります。三五人規模の学級では、五、六人班で六班、三、四人班で九班のグループができます。教師がそれぞれの班の活動の様子をつぶさに捉え、的確な指導や支援を行っていくことは容易なことではなく、班での追究が停滞してしまうことも考えられます。生徒が戸惑うことなく意見共有や課題追究に取り組めるよう、十分な指導の工夫とその準備が必要です。

○活動内容や活動時間に合ったグループ形態の検討とグルーピング

グループ活動の充実を図るためには、グループの形態や編成について十分に検討することが重要です。例えば、全体の場で意見を発表する前の短時間の意見共有は、大人数のグループ編成ではなく、隣や前後の席の生徒と二人組程度で十分でしょう。生徒が書いた言語作品を十分な時間をとってグループで読み合う場合は少し多めの人数で行うことで、複数の生徒の作品から多様な視点や工夫を学ぶことができます。このように、グループ活動の内容やグループ活動に当てられる時間を考えながらグループの形態を検討しましょう。また、グルーピングの際には、生徒同士の人間関係に十分配慮する必要があります。授業時間内に限らず、生徒同士の関係をよく把握し、グループ編成に生かしましょう。

○グループ活動の「手引き」の提示

授業時、教師は机間指導を行いながら一つ一つのグループの追究を支援していきますが、多くの時

間は、生徒が自分たちの力で追究を進めなければなりません。どのようなゴールに向かって、今どのような追究活動をすべきなのか、どのような手順ですすめていくとよいか、明確に示しておくことが確かな学びの場を成立させます。そこで、ゴールとする発表の例や班での話し合い活動の例を「手引き」にして提示しておくとよいでしょう。発表や話し合いの様子について生徒がはっきりとしたイメージをもった上でグループ活動に取り組めると、戸惑うことなく追究活動をすすめることができるはずです。

○グループ活動の可視化・記録と支援

グループでの追究について、教師が現状をつぶさに把握し、的確な指導や助言を行うことがグループでの学びの深化につながります。授業時に机間指導を行うことはもちろんですが、授業後から次の授業までの間に生徒の追究の状況から的確な指導・支援の内容について教師が熟慮する必要があります。そこで、グループでの追究の様子について、教師が把握できるよう、話し合いの様子や追究の様子を記録しておくとよいでしょう。例えば、ブックカフェのように話し合いの様子を模造紙に記録する方法や、班ごとに携帯用ホワイトボードに話し合いの中で出てきたキーワードを記録させ、回収する方法、録音録画機器などを用いて、班の話し合いの様子を記録しておくことなどが挙げられます。

どのような言葉の力を身に付けさせたいか、そのために、どのようなグループ活動を設定すべきかを生徒の実態に基づいて検討し、単元をつくっていくことが大切です。仲間と協働しながら一つの課題に向かって追究する場面は、授業の場だけでなく日常生活においてもたくさんあります。グループ活動を重ねる中で合意形成に向けた思考力や表現力も伸ばしていきたいものです。

Q

6 板書・ノート・ワークシート

板書とノート指導はワークシートとどのように関連させるとよいでしょうか？

A 板書内容をノートに写すことの意味と、ワークシート学習の意味を確認し、使い分けましょう。

①板書は共有すべき学習内容を確認するためのツールです。
②自らの学びの足跡を振り返ることのできるノートづくりを指導しましょう。
③ワークシートは個の考えを把握しやすく、学習者同士の読みの交流に適しています。

❶ 板書は共有すべき学習内容を確認するためのツール

板書は、全員で共有すべき学習内容を示すのに適しています。学習目標や課題を確認し、思考を助け、まとめを視覚的に示すことのできるツールです。グループごとに話し合った内容をまとめた模造紙や、ミニホワイトボードなどを貼って見くらべることもできます。こうした内容は、次時に資料として配付することもできます。ノートに書き写すべき内容とその必要のない内容とを区別しましょう。

❷ 自らの学びの足跡を振り返ることのできるノートづくりを

ノートには、復習の際に学びの足跡を振り返ることのできる学習記録としての役割があります。板書を書き写すだけでなく、説明の要点をメモし、難しい語句の意味を調べて書き、自らの気付きや疑問点を書き込むとともに、他者の読み（友達の考え）を記し、自らの考えとの相違点を明らかにする。試行錯誤しながら、自分なりに工夫してノートにまとめる力を伸ばしていく必要があります。

なお、文字を丁寧に書くことは大切ですが、色ペンを駆使したノートが優れているとは限りません。手本となるノートを紹介するなどして、ノートづくりのポイントを指導していきましょう。

❸ 個の考えを把握しやすく、学習者同士の読みの交流に適したワークシート

ワークシートはノートにくらべ、扱いが容易です。学習者同士の交流に活用しやすい、学習者の様々な読みを拾い上げて次時の指導に生かしやすいという利点があります。ただし、回収後はすみやかに目を通して返却し、散逸しないようノートに貼るなりファイルに綴じるなりさせましょう。また多用すると、学習とは与えられたワークシートの空欄を埋めていく作業と誤解され、学習者が受け身になりかねません。ワークシートはあくまでも、ノート中心の学習を補う手段と考えましょう。

Q

7　作者の理解と作品の読み

作者の理解を文学作品の読みにどのように生かしたらよいのでしょうか？

A

文学作品の読みの幅を広げられるよう、作者理解を作品の記述内容に重ねて読ませてみましょう。

①作者の理解は、作品の理解を深める大きな力になります。

太宰治さんの生涯って、こんなだったのか……。

「走れメロス」を書いた頃には、どんなことがあったのかな。

②作品の登場人物や起こった出来事に、作者の生涯を重ねてみるという課題を立てましょう。

作者の生涯に重ねると、メロスや王を、どの人物になぞらえることができますか？

メロスとセリヌンティウスの強い信頼関係を、太宰治さんはなぜ描いたのだと思いますか？

最後に出てくる少女が気になるけど……見立てられる人はいるのかな？

❶ 作者を知ることは、作品の理解を深める大きな力になる

文学作品の理解は、作者によって書かれたテキストの文章読解をすることだけで終わるものではありません。なぜ作者はその作品を書いたのか、書かなければならなかったのか。そこには作者としての必然性や、深い思いが反映されていると考えることができます。作品を書いた作者の生涯を、資料集の記載事項や資料映像などから知ることで、作者の側から作品を理解する眼が開かれます。テキストの文章を読むだけでは見えなかった何かを、作者と作品を重ねることから見つけることができれば、それは生徒にとってこれからの文学の学びに開かれる大きな収穫になるはずです。

❷ 作品の登場人物や起こった出来事に、作者の生涯を重ねてみる

「走れメロス」と、その作者太宰治を例に考えてみます。太宰は、地主として大きな権勢を振るう父が築いた家での裕福な暮らしを、必ずしも快く思っていませんでした。そのことから、父を暴君ディオニス、太宰をメロスに重ねて考える生徒がいると思います。また、本作は太宰が師と仰ぐ井伏鱒二と親交を深め、精神的に安定を得た時期に書かれています。メロスがセリヌンティウスに寄せる信頼を、氏への思いに準える発想もあるでしょう。他にも、メロスが経験する度重なる試練、疲労困憊の中で自暴自棄になる様子は、作者のどんな経歴と重ねられるか、最後に現れる少女の存在は何を意味するのかなど、様々な課題を想定することが可能です。もちろん、授業で詳細な作者研究をするのではありませんし、ましてや、作者が作品解釈の答えをもっていると考えるのでもありません。作者の理解を基にして生徒の柔軟な発想を引き出し、作者と作品を結び付ける読みとしての広がりをつくること、さらには、作者自身や作者の他の作品への興味を喚起することを目標にします。

Q

8　感想に発し、批評へ

感想を発することから批評へ進むとは、どういうことでしょうか？

A　素直な感想を発することに始まり、批評に至る過程で他の人と共に読みを深めていくということです。

①自分の感じ方や想いを、自分の言葉で表現できるように導きましょう。

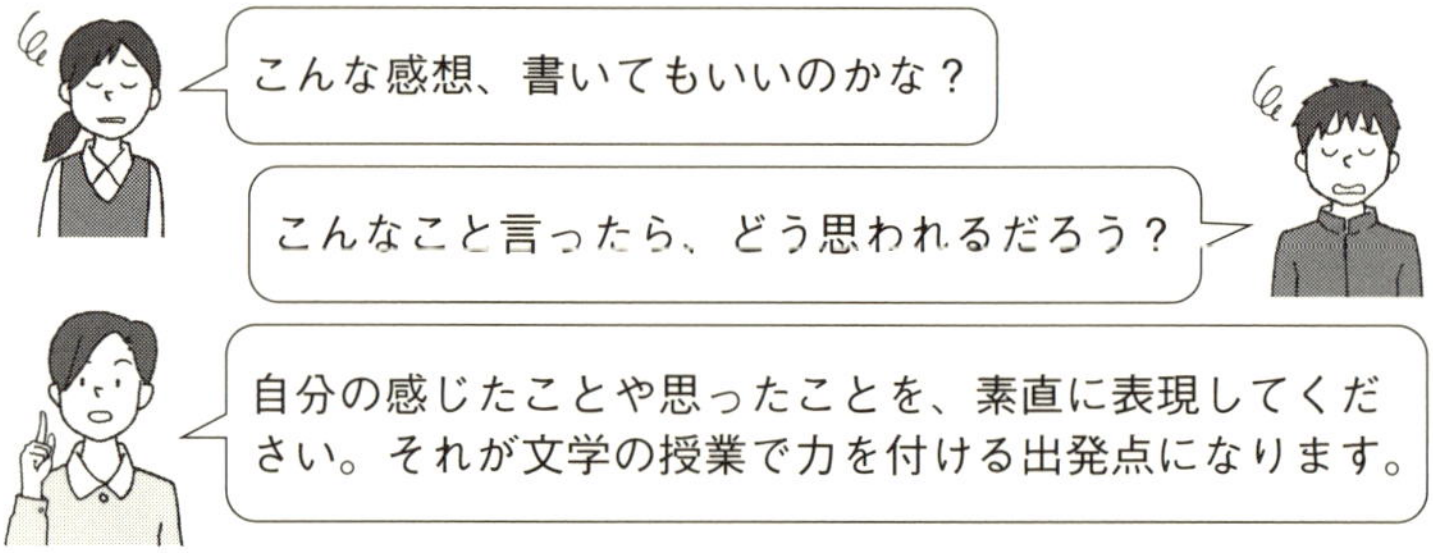
こんな感想、書いてもいいのかな？
こんなこと言ったら、どう思われるだろう？
自分の感じたことや思ったことを、素直に表現してください。それが文学の授業で力を付ける出発点になります。

②友達の感じ方や思いを、互いに受け止められる教室をつくりましょう。

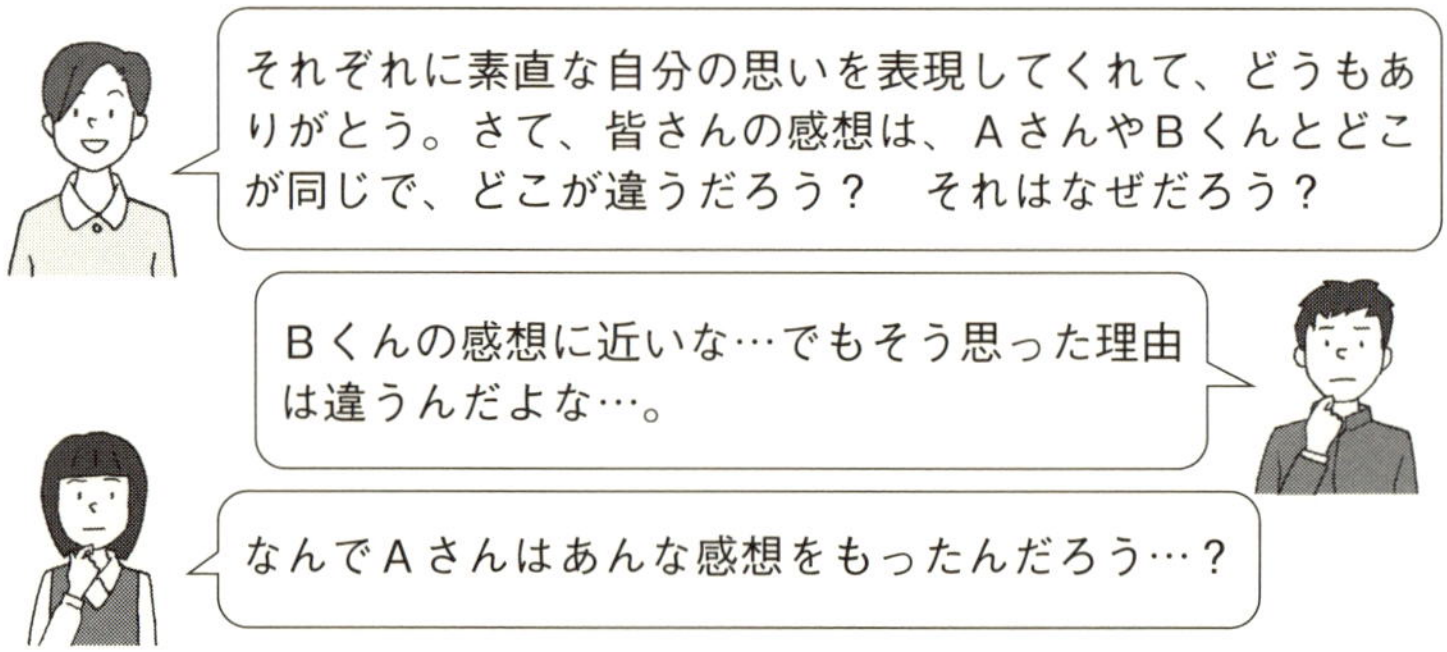
それぞれに素直な自分の思いを表現してくれて、どうもありがとう。さて、皆さんの感想は、AさんやBくんとどこが同じで、どこが違うだろう？　それはなぜだろう？
Bくんの感想に近いな…でもそう思った理由は違うんだよな…。
なんでAさんはあんな感想をもったんだろう…？

③生徒が発した“言葉の立脚点を”、生徒自身に確認させましょう。

❶自分の感じ方・思いを、自分の言葉で表現することを大切に

「感想」という言葉は教育の現場でよく使われる言葉で、中学生にとってはステレオタイプなものとして響いてしまうかもしれません。文学の授業という機会を捉えて、改めて「感じることとは？」「思うこととは？」と、生徒に問いかけてみましょう。感想で表される言葉は、生徒それぞれの異なる表現になるのが普通ですし、感想に結実する言葉の量も一定ではありません。感想として言葉にできるまでの時間もそれぞれです。授業では一定の時間を区切って表現させることになりますが、その時間内に現れる、生徒自身の言葉を導きたいものです。感想を表現することに慣れてしまった生徒の、「大体こういうことを書いておけばいいかな……」という言葉があったとしたら、教師は十分留意する必要があります。そのような言葉が学習の起点になれば、その生徒は本当の自分の感じ方や思いを表現しないまま、文学の学習に入っていくことになるからです。短くても、整わなくてもいい、でも本当に自分が「感想」として「今表現できること」を、素直な言葉として表現させることが、まずは重要です。

❷友達の感じ方や思いを受け止められる教室に

授業進行の仕方によって、初発の感想をクラス全員に表現させ、それを基に意見交換を行うこともあるでしょうし、感想を各自の手元に置かせて、その変化を折々に言葉にして残していくという展開もあるでしょう。いずれの場合でも、学習課題を積み重ねることで教材となる文学作品の読みを広げ、深めていくわけですが、機会を捉えて多くの生徒に自分の感じ方や想いを表現できる場をもたせたいものです。ある生徒の発表の後に「近い見方の人？」と手を挙げさせるのも、自分と他の人の意見を

比べる場になりますし、そこで手を挙げた生徒数名から意見を聞くことで、その中での違いを確認することもできます。生徒は他の生徒の言葉からさらに同じ思いを強くしたり、はっと気付いて感じ方が変わったりします。単元進行の折々に、自分の意見に照らして友達の意見を聞き、そこで新たに加えられる言葉を書かせたり、発表させたりしていきます。ここでも、言葉の長短や整った表現を求めるのではなく、そのときの自分の思いに従い、それまでの感想と照らし合わせて自分の言葉で表現することを重要視します。生徒がこうした言語活動に慣れ、自分の思いの殻、知らず固定化されてしまった発想の型から抜け出して、文学を学ぶ愉しさへと導きたいものです。

他の生徒の言葉は、自分の感想にとって「都合のいい」ものばかりではないと思います。中には正反対のもの、理解に及ばないものもあるでしょう。でもそれは、文学の学習で力を高める入り口なのです。なぜ反対の見方があるのか、なぜ理解できない感想があるのか。同じ本文を読み、同じ授業を受けているのに、です。そこに新たな想像力、想起の力が発動する場が与えられます。教師は、生徒それぞれの感じ方、思いに何かが引っかかる場面がもてるよう、学習者の様子を見ながら授業を進行させていきます。生徒が残した最初の感想の出所はどこなのか。それは、作品の文章と、生徒のこれまでの経験（個人の・作品の読みの経験）とどう関わっているのか。他の誰のどんな言葉によって、揺れたり、強化されたり、壊れたり、新たな方向に向かったり、再構成されたりしていくのか。教師は、生徒が変化する経緯を統制することはできませんが、その姿を見取り、見守ることはできます。教師がそのように努めていることが、生徒同士が互いの感想を受け止めることのできる教室をつくる基盤になっていくのです。

③ 生徒が発する言葉の立脚点を確認させることから

学習課題に取り組むことを通して、生徒の発せられる言葉が、互いに学習を広げ深めるための材料（学習材）になること、自分の言葉を表すことが、他の人の考えを深めることにつながり、他の人の言葉を受け止めることが、自分の見方を広げることにつながることが実感されるならば、それは文学の教室が自由な言論の場になっていることを意味します。その際生徒は、友達の言葉によって表される本当のものを見つめるとともに、自分が発してきた言葉に対しても、本当にそう思っているのか、その言葉はただ自分の経験を上塗りしているだけのものではないか、自分の感想はただ書かれていることを表面的に解釈しただけではないか……、と考えるようになります。このことは、感想の立脚点を見いだす作業と言えます。作品の叙述に即した理解が求められる中でも、そこからずれて、またはそれを飛び越えて、自分がものを見る癖や自分の過去の体験が、読み方に強く反映されることもあります。しかし生徒は、自分はなぜそういう感想をもったのか、他の人の感想はその人の何から生まれてきたのかと考えていく中で、自分の足場を理解するようになります。この地点から発せられた言葉が、「批評」です。それは自己批評にもなりますし、他の人の読みへの批評、またそれら多様な読みを生む母体である作品への批評、その作品を生んだ作者への批評、さらにその作者を生んだ社会、時代への批評となる可能性をも秘めています。文学作品には、深い感情やそれに基づく省察が表現されています。それらをどう受け止めたらいいのか、読んで今の自分として言えることは何なのか……。これまで言いにくかったことも含めて自由に表現できる場を皆で創っているという感覚の共有が、批評の空間としての文学の教室を成立させていくのです。

Q

1 文学作品の読むことと書くことの指導

文学の授業と書くことはどのように関連させて指導するとよいでしょうか？

A 自らの読みを書くことで、考えたことを記録したり伝え合ったりする活動のほか、文学を創作する活動も考えられます。

①読んで考えたことを言語化して書くことで、生徒に自分の考えを整理させたり深めさせたりすることができます。

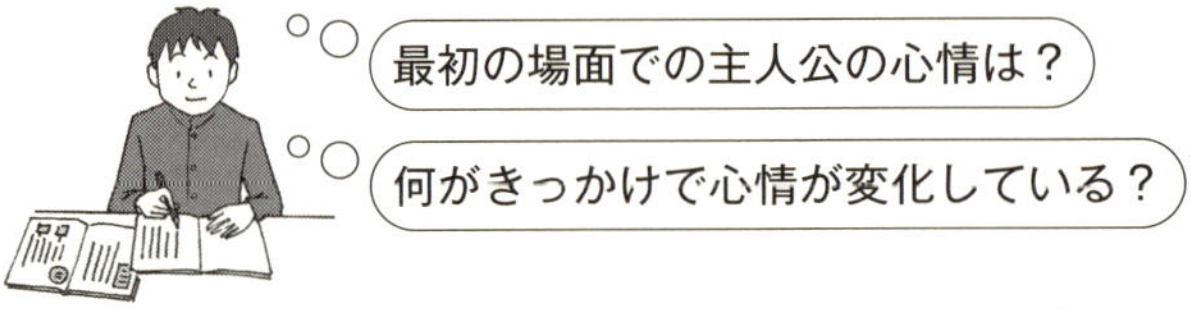

②読みを他の生徒と交流する際にも、書く活動は有効です。

ぼくが考えるこの作品のよさは……。

③詩歌や随筆、物語などを創作する活動につなげる単元づくりも考えられます。

新しい学習指導要領では、文学を創作する言語活動例が設定されています。

❶ 読んで考えたことを言語化して書くことで、生徒に自分の思いや考えを整理・深化させる

私たちは自分の思いや考えを言葉にして紙などに書き、頭の中にあるものを外化することで、自らの思考を整理したり深めたりすることができます。これは教室で文学作品を読む生徒にも当てはまります。生徒は、文学作品を読みながら様々なことを感じたり想像したり考えたりしていますが、授業で書く活動を行うことによって、それらを整理させたり深めさせたりすることができます。もちろん、ひとまとまりの文章として書けない生徒や、適切な言葉が見つからない生徒も多いはずです。そんなときは、思いついた単語や語句を書くことから始めましょう。次のように付せんに書いたものをグルーピングしたり、語句をマッピングしたり、表にまとめたりすることも有効でしょう。

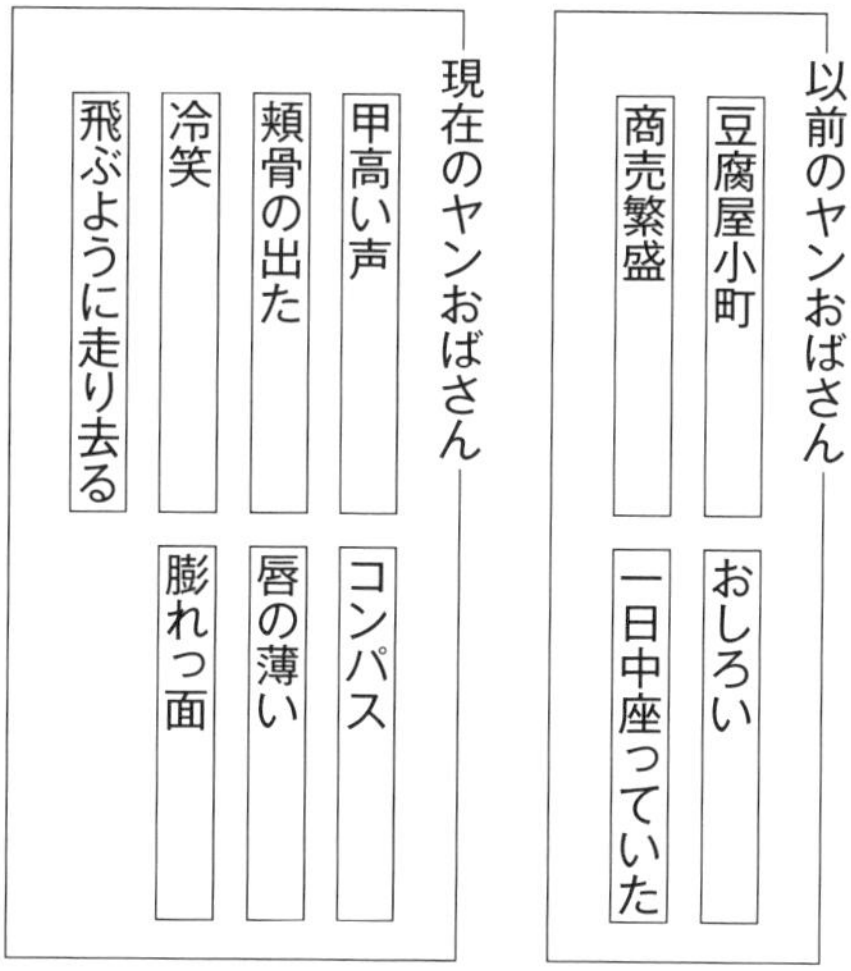

付せんに書き出してグルーピング（「故郷」の学習）

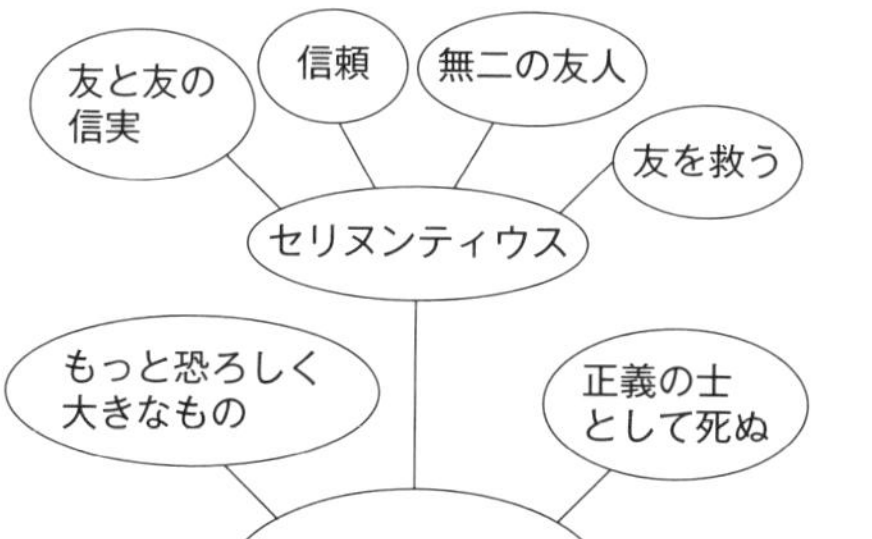

マッピング（「走れメロス」の学習）

❷ 読みを他の学習者と交流する際にも、書く活動は有効

文学作品を読んで思ったことや考えたことを他の人と伝え合うことは誰にとっても楽しいことです。学習者も同様で、他の学習者と共感し合ったり自分とは違う考えを知ったりできる読みの交流活動は、非常に熱心に取り組みます。学習効果も大きく、読みの交流を通じて自分の考えを広げたり深めたりしていく活動は、新しい学習指導要領で打ちだされた「主体的・対話的で深い学び」を実現していく上で重要となるでしょう。

さて、一口に「読みの交流活動」といっても様々な形が考えられます。まず、口頭でのやりとりを中心とした交流が考えられます。口々に感想を言い合う、ある問いをめぐって話し合うなどといった活動がこれに当たります。準備に時間がかからず、手軽に行えることがメリットですが、口頭でのやりとりだけでは、後で振り返ることができなかったり話し合いが深まらなかったりする場合もあります。話し合いの内容をホワイトボードなどに文字や図形で表現していく「ファシリテーション・グラフィック」の手法のように、書く活動を取り入れることで交流を充実したものにできます。次に、書いたものを読み合うことを中心とした交流も考えられます。交流の前に各自が思ったことや考えたことを書く必要があるので、時間はかかりますが、まとまった考えを他の生徒と交流する際に有効です。単元の終盤では、作品全体に関わる問いについて各自が自分の考えをもったり、作品のよさなどについて批評し合う場面が考えられますが、このようなときは自分の考えを書いてまとめたものを読み合ったり発表したりする方がいいでしょう。このように、思ったことや考えたことを他の学習者と伝え合う際に書く活動を取り入れていきましょう。

❸ 詩歌や随筆、物語などを創作する活動につなげる単元づくり

❶と❷では、文学作品を理解して自分の考えをつくっていくために書くことを活用していく指導法について述べました。重点はあくまでも「読むこと」にありましたが、さらに一歩進めて「書くこと」に重点を置いた指導法が考えられます。それが、この詩歌や随筆、物語などを創作する活動につなげる単元づくりです。文学を創作し、感じたことや考えたことを書く活動は、新しい学習指導要領の言語活動例としても取り上げられています。

文学作品を読むことと創作することをつなげた単元づくりとして、比較的よく行われるのが物語や小説の続き（後日談）を書く活動です。作品内容に手がかりを求めながら書くことで、作品の理解も進めることができます。また、作品の書きぶり（文体）をまねて書くように伝えることで、学習者があまり意識しない文学作品の形式的な面にも注目させることができます。創造的に原作を書きかえていく「リライト」という手法にも実践の蓄積があります。例えば、「メロス」という登場人物に寄り添った視点から書かれている『走れメロス』を、別の登場人物である「王」の視点から書き直してみる、といった実践です。これも作品理解を進める上で有効な活動となります。作品全体でなくても、一場面を取り上げて行ってもいいでしょう。また、文学のジャンルを越えて、詩歌を物語にする、ある場面の登場人物の心情を短歌で表現してみるなどといった活動も楽しい学習となるでしょう。このように文学作品を読むことと創作することをつなげた単元は様々に考えられますが、大切なのは読むことと創作することが別の活動とならないように注意することです。読むことを創作することに生かす、創作することを読むことに生かすような単元づくりを心がけてください。

Q

2　図書館の活用

図書館を学習の場としてどのように考えるとよいでしょうか？

A　授業単元につながる学習の場であるとともに、読書生活を開く場として考えましょう。

今日は図書館探検をします。これから提示する3冊の本を、図書館の棚の中から探してください。

先生が提示した本はそれぞれどの分野の棚にあるのだろう。

①情報を得て、学習を深める（学習・情報センターとして）。

「美しい」という語を複数の辞書で調べて、意味を比べてみましょう。

同じ言葉でも、出版社によって、表現の仕方がずいぶん異なるのだなあ。

②読書を広げる（読書センターとして）。

小倉百人一首に関する本のコーナーができている。おもしろそうだなあ。何冊か読んでみよう。

文部科学省の「これからの学校図書館の活用の在り方等について（審議経過報告）」（平成二〇年）において、学校図書館の機能は児童生徒の「読書センター」及び「学習・情報センター」であるとされています。図書館を、授業での学びを深めるための資料収集の場にするとともに、資料検索の方法について学んだり、新たな本と出会ったりする場とし、学習者の読書生活につなげていきましょう。

❶▼情報を得て、学習を深める

図書館では、教科書からだけでは得ることのできない豊富な資料を得ることができます。これらの資料から必要な情報を選択し、自分の思考に結び付けたり、複数の資料を比較して見つけた差異や共通点から新たな考えを導き出したりと多様な学びの場が想定できます。次に三つの具体例を挙げます。

○語句の理解に役立てる

図書館には、多様な辞書や辞典、図鑑などがあります。同じ国語辞典であっても、出版社によって表現の仕方は異なりますし、類義語辞典や反対語対照語辞典など、語と語の関連や分類に着目した辞書などもあります。

複数の辞書や辞典、図鑑を用いて語句について調べ、多様な表現から一つの語句の意味に迫ったり、他の語句との関係や、言語体系の中の位置付け、実際の使い方などについて学んだりしながら、語句の理解を深めていくとよいでしょう。

○作品理解において新たな視点を得る

授業で扱った作品の作者について書かれた本や同じ作者が書いた本を探し、作者の人生や作品の傾向について知識を得た後、もう一度作品を読んでみると、新たな視点から作品を理解していくことができます。一人一人、作品や作者に関して課題をもたせ、資料を基にレポートや新聞にまとめるという学習活動も効果的です。まとめる過程で、豊富な資料の中から必要な情報を選択し、それらを基に思考を深める力を養うこともできます。

○資料や作品を集めてくらべる

授業で扱った作品と同じ内容をテーマとした作品や、同じジャンルに分類される作品を複数探し、比較することで、各作品に共通して見られる特徴や、異なる点を見いだすことができます。例えば、「春」をテーマにした詩を複数比較し、共通して見られる「春」のイメージや各作品独自の視点や表現方法を捉え、参考にしながら、自分自身も「春」をテーマとした詩を書いてみるのもよいでしょうし、それぞれの作品について批評し、文章にまとめるのもよいでしょう。あるいは、収集した詩の相違点に着目し、配置を考えながら「春」をテーマとした詩集を編むという学習活動も楽しく取り組むことができそうです。豊富な資料が提供できる図書館だからこそ成立しうる学習活動を設定しましょう。

図書館での授業は、選書から全てを授業内で行おうとすると、ある程度長い時間を要します。授業のねらいや学習者の発達段階、単元の授業時数に合わせて、図書館司書と協力しながら、授業で扱う書籍をあらかじめ選定し、授業者が教材研究しておくとよいでしょう。

❷▾読書を広げる

授業以外の場においても、学習者には多くの本と出会ってもらいたいものです。そこで、授業で扱った作品をきっかけとして、同じ作者が書いた作品や、同じ話題を扱った作品、同じジャンルに分類される作品などを関連書籍として紹介したり、一定期間、関連書籍コーナーを設置して新たな作品と出会う機会をつくったりするとよいでしょう。もともと読書に対して苦手意識のある学習者であっても、授業で扱った作品の関連書籍であれば、興味をもって読むことができます。前述のように、教師や図書館司書があらかじめ関連書籍を選択し、用意しておくことも有効ですが、発達段階に合わせて、選書から学習者にゆだねる機会があってもよいでしょう。学習者の読書生活がさらに豊かになっていくことを期待するのであれば、学習者自身が自ら、戸惑うことなく書籍を検索し、出会えるようにしておく必要があります。一年生の初めの時期に、クラス全員で図書室を訪れる機会を設け、図書館の書籍の分類や表示、背表紙にあるラベルの意味について学んだり、ＰＣを用いた書籍検索を体験したりして、書籍の検索の手段を身に付けさせるとよいでしょう。図書館の利用方法について理解させるだけでなく、図書館に慣れたり、様々な分野の書籍に出会わせたりすることも必要です。例えば、「図書館探検」と題して、教師が数冊の書名を提示し、その書籍がどの棚にあり、どのような内容が書かれているのかをメモするなど、楽しみながら書籍に親しむ場を設けるとよいでしょう。

Q

3　言語活動の工夫

文学教材の学習での言語活動にはどのような工夫が必要でしょうか？

A　学習目標に照らして、柔軟に学習材を準備することが大切です。

①作品の全体をひとまとまりで捉えることにより、読みを深めましょう。

②複数の作品と比べたり重ねたりして読みを深めましょう。

③目的に応じた読みを指導しましょう。

付けたい力		言語活動例
描写や場面を関連付けて作品全体を捉える力 登場人物の心情の変化を捉える力	→	・作品の批評文を書く ・詩や小説を創作する
文末表現などから表現の効果を読み取る力	→	・比べ読み ・重ね読み
心情を表す情景描写から表現の効果を考える力 ・人物の言動から人物像を語る力 ・視点を変えて読む力	→	作品の叙述を根拠として発表資料にまとめる

❶作品の全体をひとまとまりで捉えることにより、読みを深める

まとまった長さの文学的文章を読み味わう場合、作品全体をいくつかの場面に分け、何回かの授業に分割して読み進めることがよく行われてきました。たしかに、特に着目したい情景描写や登場人物の心情描写を取り出して話し合わせることにより、個人では気付かなかった読みを深めることができます。しかし、作品は全体で一つの作品として成り立つものです。作品の展開につれ登場人物の心情も変化していきます。ある一つの描写や場面だけを基に読むのではなく、心情が表れている複数の描写や場面などを関連付けながら作品全体として解釈し、その場面が描かれていることの意義や登場人物の人物像を捉えられるような指導の工夫を心がけましょう。

具体的な言語活動としては、作品の解説文や批評文を書いたり、自ら詩・短歌・俳句・物語を創作したりする方法などがあります。また、書いた文章や創作作品を互いに読み合うことは、新たな学びとなります。全員分を印刷して紙上で発表し、合評してもよいでしょう。

❷複数の作品と比べたり重ねたりして読みを深める

他の作品との比べ読みや重ね読みによっても、作品の読みを深めることができます。同一作者によるもの、同一テーマのものなど、どのような作品を学習材とするかは、学習目標や「付けたい力」とも関わります。

例えば、太宰治の「走れメロス」の学習でシラーの詩「人質」を読む場合、内容の類似性に着目させるのではなく、「メロスは激怒した。」という書き出しの一文に見られるような表現の効果に気付かせる指導を工夫しましょう。単独で作品を読む場合より、工夫に気付きやすいかもしれません。作品

の描写の優れた点についてスピーチさせ互いの考えを聞き合うことで、読みを深めることができます。

また、各社の教科書には、外国文学も掲載されています。翻訳文学の場合、異なる訳者の手による翻訳を比較することも学びとなります。例えば、魯迅の「故郷」で「私」が楊《ヤン》おばさんに再会した場面を比較してみましょう。

> 「おやおや、まあまあ、知事様になっても金持ちじゃない？　現にお妾が三人もいて、お出ましは八人かきのかごで、それでも金持ちじゃない？　ふん、だまそうたって、そうはいきませんよ。」（竹内好《よしみ》訳）
>
> 「あらら。あなたは知事様になられて、まだお金持じゃないとおっしゃるの？　あなたは今は三人のお妾さんもちでしょ？　お出ましのおりは八人担《かつ》ぎの轎《かご》にのって、まだお金持じゃないの？　ほほ、なんだって私を瞞《だま》せやしませんよ。」（高橋和巳《かずみ》訳）

台詞が常体か敬体かによって、楊おばさんの印象はかなり変わります。登場人物の言動から人物像を読み取るなどの学習課題には、訳文により作品のニュアンスが微妙に異なることを学習者に理解させたうえで取り組ませるとよいでしょう。

詩・短歌・俳句は作品が豊富に存在するので、一つの題材で時代が異なるものや、表現形式の異なるものなどを学習材とすることもできます。生徒自身に集めさせてもよいでしょう。例えば、「桜」を詠んだ詩歌や「桜」が描かれた小説などを集め、それぞれの表現形式の特色について考えたことを文章にまとめさせる、などの学習活動も考えられます。

比べ読みや重ね読みは生徒の実生活にも生きる読みです。文学的な文章だけでなく説明的な文章を読む際にも、指導の工夫として取り入れましょう。

❸ 目的に応じた読みを指導する

ヘルマン＝ヘッセの「少年の日の思い出」は、「私」の客である「彼」が、途中から語り手となって「僕」の少年時代の思い出を語り、回想場面のまま終わるという構成をとっています。このような展開の仕方が作品全体にどのような効果をもたらしているかについて考える学習は、この作品ならではのものです。もし現在の場面に戻った場合、「客」と「私」との間にどのような会話が取り交わされるかを想像すれば、余韻を残した終わり方をした作者の意図に気付くことができるでしょう。

このように、取り上げる作品の持ち味により、読みの目的や、重点を置く指導事項を変える工夫が必要です。登場人物の心情を示す情景描写から表現の効果について考える、人物の言動に表れたものの見方や考え方を読み取り人物像を語る、視点を変えて読む、場面の展開から作品全体の構成について考える、などです。

言語活動としては、作品の引用を根拠として示しつつ、考えたことを口頭や文章で伝え合う学習が想定できます。口頭での説明を補う手段として、必要に応じパワーポイントを用いて発表資料を作成したり、模造紙にまとめて内容が一目で分かるよう工夫したりするのもよいでしょう。また、文章にまとめたものは何度でも読み返せるので、書き手も読み手もじっくりと考えることが可能となります。

Q

4　言語活動の工夫

生徒の読書生活は、どうしたら豊かなものになるのでしょうか？

A　授業で扱った作品に関わる本を紹介したり、読書に関わる学習場面を取り入れたりしましょう。

①教師による紹介をします。

国語教室通信で先生が紹介してくれた本がおもしろそうだな。図書室で探してみよう。

②生徒による紹介をします。

ビブリオバトルでは、私が大好きなこの本の魅力をみんなに伝えよう。

③読書に関わる学習場面を設定します。

なるほど、漫然と読むのではなく、問いを立てて読むともっと作品を読み深めることができるのだなあ。

④読書生活を振り返ります。

私が読んでいる本はミステリー小説が多いなあ。
他のジャンルの本も読んでみたい。
先生におすすめのノンフィクション作品を聞いてみよう。

❶ 教師による紹介

授業で時間をかけて読み込んだ作品やその作者に学習者は強い興味を抱いています。この興味を起点として、同じ作者が書いた作品や同様のジャンルの作品など、関連書籍を紹介すると、学習者も興味をもって複数の本と出会うことができます。また、教師が国語の授業で配布する通信に本紹介のコーナーを設けるのも効果的です。生徒の日頃の読書の実態に即して、生徒が興味をもちそうな本、教師がぜひ読んでもらいたい本を紹介します。あらすじや本文の一部を載せるとさらに興味を高めることができるはずです。本を紹介する際は、出版社や出版年、書名、作者を明示し、生徒が図書館や書店、インターネットなどで容易に本を見つけることができるよう工夫しましょう。

❷ 生徒による紹介

生徒は、同じ教室で学ぶ仲間の思考や興味に対して高い関心を抱いています。そこで、生徒同士が本を紹介し合う場面を設定するとよいでしょう。

例えば、授業開きの時期に、自己紹介の意もかねて自分がすすめたい一冊を持ち寄りビブリオバトルを行うという方法が挙げられます。与えられた時間の中で、本の魅力を語るのに必要な語彙はどのようなものか、どのような構成で話すと魅力が伝わりやすいのかなどについて追究することになりますから、「読むこと」だけでなく、「書くこと」「話すこと・聞くこと」の力も関連させながら高めていくことができます。

初めのうちは、どのように本の紹介をしたらよいのか分からず、戸惑う生徒もいるかもしれません。手引きとなるよう紹介文を例示したりして、本紹介のイメージをふくらませたり、紹介の内容に「必ず最も印象に残った一文を紹介する」といった共通の枠組みを設けたりすると効果的です。

ビブリオバトルは、口頭での本の紹介が主ですが、書いたもので紹介することもできます。例えば、本の魅力を一枚のポップにまとめ、本と一緒に図書館に展示するという単元が挙げられます。

ポップを作ることを目的として本を熟読する場が自然と生まれますし、短い言葉で人の心をとらえるキャッチコピーの学習や、作品の要旨をまとめる学習にもつながります。図書館に飾られたポップを見ることで、他クラスや他学年の生徒も刺激を受け、本を手に取る機会を増やすことも期待できます。

③ 読書に関わる学習場面

授業において全体あるいは個人で作品に関する問いを立て、その問いの答えを見つける過程で複眼的に作品を読み、自分の読みを確立させたり、さらに深めていったりすることが多くあります。これらの問いは、作品の展開、構成に関わるものや主題に関わるものなど様々です。教師が教材研究を重ねた上で立てた問いを提示する場合もありますし、生徒の初読の感想から出発することもあります。このような学習の中で、「問いを立てて読みを深める力」が育てられると、授業の外の学習者の読書生活においても、個々の学習者が読書をさらに楽しむことができるようになるはずです。

学習場面に「調べ学習」の場を設定することも読書生活を豊かにします。課題に応じた資料収集の過程で、課題追究のためにどのような本が必要か、どこに行けばありそうか、どのように検索し、どの棚を探せばよいのかなどについて、経験を基に学ぶことができます。日本十進分類表や奥付の読み方を学習したり、書店や図書館の本の並び方について丁寧に指導したりしておくことが、学習者が苦労なく本にふれる機会を増やすことにつながり、読書生活を豊かにしていきます。

辞書引きの学習も読書生活の充実につながります。中学校三年間のうちに、生徒が読む本は大きく変化します。難しい読みの語句、意味の難解な語句についてすぐに辞書を引く習慣があれば、より抽象的で難しい内容を扱った本も、戸惑うことなく読みすすめることができます。調べたい語句に合わせた辞書の選び方や、辞書の引き方、文脈に合わせた意味の捉え方など、日々の国語科授業の中で継続して指導していくとよいでしょう。

④ 読書生活を振り返る

読書生活を振り返る方法の一つとして読書ノートの作成が挙げられます。読んだ日付、読んだ本の題名、作者、出版社、ページ、読後の感想などを記していきます。ページ数の積算は、生徒の達成感にもつながりますし、もっと読もうという意欲を高めます。自分がどのような本を好んでいるのか傾向をつかむことができ、同じ作者やシリーズから新たな本を検索していくことにもつながりますし、自分があまり読んでいないジャンルを発見して、手にとってみることにもつながります。

読後の感想に対して教師がコメントをつけ、新たな視点を提示したり、その本に関連した本を紹介したりすることで、読みが深まったり、読書の幅が広がったりします。書いたものに対して生徒同士で読み合う機会を設けることも効果的でしょう。自分にはない視点での読み方や、感想の書き方に出会うことができますし、まだ知らない新たな本に出会うこともできます。

このように、国語の授業の中で、「読み方」や「本との出会い方」を学ばせるとともに、様々な本との出会いの場を設けることが読書生活の充実につながります。図書館司書との連携のもと、学校図書館を活用しながら、学習を計画していくとよいでしょう。

Q

1　学習者の読みの評価

学習者の読みをどのように評価したらよいのでしょうか？

A　学習目標に照らした方法と規準をもって、評価に当たります。

①学習課題に照らして、学習者の読みの評価をします。

「自分の読みを表現して下さい」と言われても……。
テストだと、どういう答えがいいのかな？

今の学習課題に沿って、自分の読みを積み重ねていければ、ちゃんと力は付いていきますよ。

②学習者の読みを評価するための二つの規準を想定します。

自分の経験を生かして書けている所はよいですね。
もう一度、課題の手順をよく読んで書き直してみよう。

先生がワークシートにこんなコメントを書いてくれた……。

③その時点での学習者の読みを評価し、学習者に返していきます。

この問題は、授業のこの場面を取り上げて出題しています。
学習の課題と、それを解いていく手立てを思い出せますか？

❶ 学習課題に照らした学習者の読みの評価

国語の文章読解問題を解くときに大事なこととして「自分の経験や思いは脇に置いて、問題文を読み解くとよい」と言われることがあります。文学の学習に関する試験を作る先生方も、いわゆる「答えの揺れない問題」にするために苦心された経験があるでしょう。ここで丁寧に考えておきたいことは、「この出題で問われている国語の力は何か」ということです。それは、「ある学習課題を理解し、その解決に向かって適する思考方法を用いて、最も適した一つの解答に達する力」だと考えられます。問題なのは、その国語の力が文学の授業で培われる力の大部分を占めるものかのように、生徒が思ってしまうことです。例えば、自由な意見交換で興味を広げられた授業で培われた力が、この方法で問われれば、生徒が理不尽に感じてしまうのも無理はありません。

文学の学びを進めるための学習課題には、様々なものがあります。「感想を自由に発表する（話す・書く）」という広さをもつものから、「ある登場人物の言動を追って、その変化を文章記述に則って説明する」「ある情景描写が場面に与える効果について、その描写されるもの、その形態、色などから考える」「物語の展開を時の経過や場面の変化によって説明する」といった文学的表現の読み取りに関する課題、「自分の経験に照らして、この人物の言動に対して意見をもつ」といった、読み手の経験や読み手がもっているストーリーと関連させて読む課題、など。教師が設定した学習課題によって、生徒が使っている国語の力は変わってきます。すなわち、今生徒に行わせている言語活動は何か、それによって生徒はどんな国語の力を使っているのかを教師自身が把握した上でなければ、学習者の読みの評価を考えていくことはできないのです。

❷ 学習者の読みを評価するための二つの規準

生徒の読みを評価する規準として、大きく二つの視点から考えるとよいでしょう。一つは、「妥当性」という規準です。学習課題に照らして、その生徒の表現した内容（関心・意欲・態度、発話、書記）は、どの程度妥当だと言えるかということです。語の理解に発する文章理解が適確にされているか、設定された学習課題を適切に捉えているか、学習を進める手法を理解しそれを運用できているか、それらの結果として、必要な言葉を用いて適切な文章表現がされているか、など。姿勢、発話、小さなメモ、ワークシートの記入、時機を得てのノートの提出、単元の区切りでの定期試験など、評価形態は様々に選択、設定がされていきます。

もう一つは、「真実性」という規準です。これは、ある課題に対する生徒の表現内容が生徒自身の現在に照らして真実味があるかどうか、というものです。この規準の適用は、妥当性に比べて難しさを含んでいると思われるかもしれません。でも先生方は、日頃この評価を行っていると思います。「今日はがんばって発言していたけれど、表現には少し無理があったな」「この生徒は今抱えていることがあるから、こんな書き方をするんだろうな」と。生徒がとりわけ文学の学習で不安に思い、また期待もしているのは、この面の評価ではないでしょうか。「こんなことを言ったらおかしいと思われるのでは？」「みんなと違うことを思ってしまっているみたいだけれど、いいのかな？」「いろいろ言っても、最後はあの子が言った答えを先生が取り上げてまとめてくれる」など、生徒は様々な思いを巡らせながら授業を受けています。もしそんな思いが重なって、「どうせ自分の意見なんか……」と考えるようになれば、文学の学習はそこで止まってしまうばかりか、後退さえします。先生が自分たちの意見を聞いてくれている。しかし、ただ「それもいいですね」ではなくて、自分の言葉をきちんと受け止めて、先生自身として考えた言葉を返してくれる。文学の授業では、生徒一人一人の生活経験や育んできたストーリーが、学習に反映される場面が多くあります。その場面を生徒の学習の推進力にしていけるかどうかが、文学の授業の成否を大きく左右します。

③ 学習者の読みを評価し、学習者に返していくことの意味

授業の進行に従って学習課題も進展し、学習の成果が積み上がっていきます。生徒の従前の読みがどう変わっていくのかを、教師と共に、生徒自身が折々に把握していくことが大切です。学習者によるその認識が、その学習課題を行った意味を捉えさせ、次に必要となる学習課題に取り組む姿勢をつくるからです。自分の読みを何らかの形で表現することと合わせ、それがどういう手続き、手法によってもたらされたのかを確認させます。加えて、生徒自身の経験に照らして、今の自分のどういう所に響いたのか（響かなかったのか）を問うことも必要です。試験に際しては、その問いがどういう目的で、どういう形式で出題され、どういうことが評価されたかを生徒に示します。この問題は、なぜ選択式なのか穴埋めなのか、抜き出しなのか要約なのか、短い記述なのか長い記述なのか。課題は構造として単発的なのか、それとも重層的なのか。それらは授業展開の実際を反映し、生徒にとって納得できるものでなければなりません。学習者の読みの理解を学習課題に合わせた評価によって進め、その評価を踏まえて生徒自身が次の学習にどう生かしていけるのかを考えましょう。評価活動によって、生徒が自立した学習者に成長できるように導いていくのです。

Q

2　文学教材のテスト問題

文学教材の試験問題はどのようにつくったらよいでしょうか？

A　テキスト内の読みと各自の読みを設問できちんと聞くことが必要です。

①学習者が納得でき、かつ公正な評価を行う試験問題をつくることは、教師にとっての大きな課題ですが、文学教材を扱ったテストの場合、そのハードルはより高いものとなります。

両　立

学習者の納得←　文学教材の試験問題　→公平性の確保

文学の授業の中では「自分の読み」が否定されず尊重されるのに、いざテストになるとそうならない、という生徒の不満と対峙しなくてはならないからです。

②テキスト内の妥当な読みを根拠に作問することは、そう難しくありません。一方、教師からは必ずしも妥当と見えない「生徒なりの読み」をどこまで問題に反映させていくかが大事な点です。

よいテストを生むための流れ　教師の目標設定　→　授業内容

→　授業の目標と内容を反映した試験問題　→　生徒の納得

教師が設定した目標を達成するための授業を行い、それを反映したテストをつくることが前提です。その上で授業の中で否定しなかった読みは、テストでも否定しないことを心がけるべきでしょう。

③「自分の読み」を追究できる文学の授業の楽しさを、テスト問題で裏切ることはできません。正当な評価を行うための作問は当然ですが、一方で授業内容を反映した問題づくりの工夫が求められるのが文学教材のテストです。その工夫のいくつかを紹介します。

❶ 文学教材の試験づくりで心がけたいこと

生徒が文学の授業に不信や不満を抱いたりする大きな要因に、「授業中では否定されなかった自分の考えが、テストでは×にされた」というものがあります。文学の授業では、まず「自分なりの読み」をもつことが出発点になります。その読みがテキストに照らして適切とは言えない場合でも、教師は一概にそれを否定せずに授業の中で生かそうとするものです。学習の過程において、仲間との意見交流を通じ、次第により適切な読みに導いていけばよいと思うからです。ところが、テストの評価問題でテキスト上適切とは言えない解答に○を付けることはできません。それで、前述したような生徒の不満が生まれてしまうわけです。これを「テストなんだから仕方ない」と教師が思ってしまうことには賛成できません。前述の不満は「だから文学の授業は嫌い」「国語のテストは嫌い」という、生徒の思い込みを招きかねないからです。これは授業で熱心に作品と取り組み、「自分なりの読み」を確立したと思っていた生徒の場合に、より起こりやすいことですから、なおさらです。

したがって、教師が文学教材の試験づくりで心がけることは、次の二点を両立させることとまとめられるでしょう。

> ◎テキストに照らして適切な読みが正解となり、学習者の公平性が確保されること。
> ◎授業内容を反映した出題を工夫することで、学習者の納得がいくようにすること。

決して容易ではないこの「両立」をどのように実現するのか、以下の頁で述べてゆきます。

❷ 文学教材の試験づくり＝よりよいテストを生むための流れ

よりよい評価問題を作成するための第一は、当然ながら単元目標や評価の観点がしっかり定まっている授業を行うことです。そのような授業であれば、学習者の目標達成度を測る出題をすること自体難しいことではありません。逆に目標や評価のあやふやな授業をしておいて、テストだけ適正に作るというのは無理な話です。これは、文学に限らずあらゆる教材の試験において言えることでしょう。

第二は、文学教材の特性を生かした問題づくりということです。文学のテキストには、解釈をある程度読者の側にゆだねるような幅があります。教師の解釈、あるいは指導書に書かれているような解釈だけを正解と決めつける出題は、文学の多様性を損なうことにもなります。選択肢型の記号選択の出題では特にそのことに留意する必要があります。教師が誤りのつもりでつくった選択肢が、実は解釈の幅の中に収まっている、というのはよくある話で、それも❶の項目で述べた生徒の不満を招く要因となってしまいます。選択肢づくりは慎重に行わなくてはなりませんし、逆に教師のつくった選択肢によって学習者が改めて多様な解釈に思い至るように作成できれば言うことはありません。

第三に、学習者の解釈の多様性を許容するような工夫ということです。これは、主には記述式、論述式の出題によって行われるもので、特に長めの論述を課す場合は「自分の考えを自由に述べなさい」式の問いとなります。このタイプの問いは、授業での学習者なりの読み方を一概に否定せずに評価できるよさがある一方、単純に○か×かで評価することが難しいですから、段階的な評価基準を丁寧に定めておく必要があります。ここがあやふやですと、せっかくの論述式がかえって生徒の不満を招くことになります。つづく❸の項目で具体例を示すことにします。

❸ 学習者の多様な読みを生かした出題の工夫＝授業の楽しさをテストにも

左に、「走れメロス」の授業風景を再現したような場面をつくって、論述式の出題をしている試験問題例からの抜粋を示します。

> Ａ子　私も質問なんですけど、メロスが言っている「なんだか、もっと恐ろしく大きいもの」って何ですか？
> 先生　はい、いい質問。メロスは自分でもそれが何だかはっきりとは言えないんですよね。①メロスの代わりに言い表してみよう。「なんだか、もっと恐ろしく大きいもの」って何なのか。それを考えてみましょう。
> 問　先生の宿題＝①『「なんだか、もっと恐ろしく大きいもの」とは何か。』について、自分なりに考察し、本文中の表現を根拠としながら説明しなさい。枠内に収まるように記述すること。

例えば、授業場面を再現したような出題形式では、楽しく文学の授業を受けてきた生徒にとっては、「自分の考え」を自由に書ける楽しさを味わって解答することができるものです。一方、教師には慎重でかつ少々面倒な採点作業が待っています。「自由に書いた」結果の採点評価を生徒の納得がいくようにしなければならないからです。そのためには、具体的な採点基準を生徒に公開するのが有効です。例えば語句用法などの形式面での減点基準、内容や主題に照らして適切かどうかの減点／加点基準、独自性のある記述かどうかの加点基準、といった基準を点数配分とともにあらかじめ問題や解答用紙に示しておくと、生徒も自分の得点に納得がいきやすくなります。生徒にとって納得のいく評価は、次の授業にもよい形で波及してきます。安心して「自分の読み」を展開できるようになるのですから。

Ⅲ章

主体的・対話的で深い学びを生む文学の授業の単元展開例

学習者の疑問を解くことを中心に

単元「未来の読者へ ―どちらの訳で読んでほしいか」

言語活動「二種類の訳をくらべて読む」

一年　学習材▼「少年の日の思い出」

1 単元の特色

「主体的・対話的で深い学び」（いわゆるアクティブ・ラーニング）を実現しようとする際、「学習課題づくりをどうするか」は、私たち実践者に共通する悩みの一つではないでしょうか。「指導者がつくった学習課題を生徒に与える」やり方では生徒の主体性は保障されず、かといって、「課題の発見」を完全に生徒の「自発」に任せていては「学びの質」が保障されにくくなります。

「質のよい課題」を生徒に発見させるためには、教師による「しかけ」が必要です。本単元では、「学習課題の大枠（「二種類の訳をくらべて読み、未来の読者にどちらか一方を推薦する」）」は指導者が示し、「何を解決すべきか（どこを取り上げて、推薦したい訳者の訳のよさを説明するか）」は個々の生徒の主体性にゆだねる方法をとっています。

2 学習材

◇高橋健二訳「少年の日の思い出」（光村図書一年、出典『ヘッセ全集　第二巻』）

◇岡田朝雄訳「少年の日の思い出」（『少年の日の思い出―ヘッセ青春小説集』草思社　二〇一〇年）

外国作品と日本の作品との大きな違いの一つは、「『作者』と『読者』との間に『訳者』がいる」ことです。「何を伝えるか（内容）」は作者によって規定されますが、「どう伝えるか（表現）」は訳者に任される部分が少なくありません。

本単元では、「訳者によって訳し方が異なる」という翻訳小説の教材性を生かして、「内容」と「表現」を同時に味わわせることをねらいました。学習者が発見した「訳の違い」を教材化し、描かれている様子や心情がより効果的に伝わってくるのはどちらの訳かを吟味させせます。

「訳し方が違うぞ」「訳が違うと、受ける印象はどう違うだろう？」「どちらが効果的なのだろう？」「他の部分には、どのような訳の違いがあるのだろう？」「作品全体を通してみると、どちらの訳者の訳で読むのがよいのだろう？」――。生徒自身が連鎖的に疑問を生み出しながらテキストと能動的に関わり、読みを深めていくこと、これを「読みにおける生徒の主体性」と捉えたいと思います。

3 単元の目標　※平成二〇年度版の「学習指導要領」に基づく

（1）優れた表現に注目し、作品を読み味わう。（読むこと　ア・エ）

（2）語句や表現に即して、様子や心情をとらえる。（読むこと　ウ）

4 評価の観点

〈国語への関心・意欲・態度〉

①訳者の違う二つの翻訳を比較し、相違点を探そうとする。

②お互いの発表を聞いて、考えを深めようとする。

〈読む能力〉

①担当した文段の訳の違いの中から、推薦したい訳者の「訳のよさ」を伝えるのに適した箇所を選び、表現の特徴と効果を説明する。

②他の文段を担当した生徒の意見を取り入れながら、「どちらの訳で読んでほしいか」を最終判断し、理由を説明する。

〈言語に関する知識・理解・技能〉

①同じ箇所を訳した、語句や表現の違いに注目し、語感を磨く。

5 指導計画（全7時間）

次	時	学習活動	指導上の留意点
一	1・	①教科書に掲載された翻訳（高橋健二訳）を通読する。 ②一行空きによって分けられた前段と後段	○前段の「客・友人」が、後段の「僕」と同一人物で、思い出話の「語り手」でもあることを押さえる。

	2	で、それぞれの登場人物を挙げる。 ③ワークシートを記入し、あらすじをつかむ。	○前段の「私」が、思い出話の「聞き手」であることを押さえる。
二	3・4	学習課題：二種類の訳を比べて読み、未来の読者にどちらか一方を推薦する ①学習課題を確認し、指導者が作成した「ワークシートの記入例」を見ながら、学習の見通しをもつ。 ②教師の指示によって、作品を文段に分ける。 ③自分が担当する文段を、岡田朝雄訳と比較し、相違点にサイドラインを引く。 ④自分が担当する文段を「どちらの訳で読んでほしいか」立場を決め、選んだ訳者の訳のよさを効果的に説明するのに適しているところを一か所選ぶ。 ⑤ワークシートを記入する。	○第一文段を使って「記入例」（※次ページ参照）を作成し、「学習のゴール」を示す。 ○一クラスの生徒数や、個人に担当させるか班で担当させるかによって、いくつの文段に分けるかを決める。 ○各文段ごとに、高橋健二訳と岡田朝雄訳を比較して読めるプリントを用意する。 ○立場を決めかねている生徒や、訳の違いによって受ける印象の違いを言葉でうまく説明できないでいる生徒を支援する。 ○ワークシートに「書き出し例」も示す。 ○「記入例」を参考にさせる。
三	5・6	①第一文段から順に、記入したワークシートをもとに、担当者が意見を発表する。 ②発表を聞きながら、文段ごとに自分の立場と理由をメモする。	○全員分のワークシートを文段順に並べて印刷し、配付しておく。 ○発表がスムーズに進むよう、「発表の手引き」を示す。（※一〇九ページ参照）

四	7	①お互いの発表内容を踏まえて、「未来の読者には、この作品をどちらの訳で読んでほしいか」を総合的に判断し、ワークシートに理由を記入する。	○立場を決めかねている生徒には「この作品で『特に重要な役割を果たしていると思う箇所』の訳が効果的だと感じる方」を選ぶようアドバイスする。

記入例　少年の日の思い出　未来の読者へ――どちらの訳で読んでほしいか

【第1文段】は、ぜひとも（高橋訳・岡田訳）で読んでほしいと思います。

☆根拠としてふさわしいと思う部分を一か所書き抜き、選んだ訳のすばらしさをアピールしましょう。

高橋訳　※ページ・行数は平成二十八年出版の光村図書教科書による	岡田訳
客は、夕方の散歩から帰って、私の書斎で私のそばに腰掛けていた。昼間の明るさは消えうせようとしていた。（202ページ・1行目～）	私の客は、夕方の散歩から帰ってきて、まだ昼間の明るさが残っている書斎で私のそばに腰かけていた。

この部分は、両方とも、「客」が「私」のそばに腰掛けたのは、かなり暗くなっている時間帯だったことを表しています。特に注目してもらいたいのは、高橋訳の「昼間の明るさは消えうせようとしていた」という表現です。岡田訳の「まだ昼間の明るさが残っている」という表現と比べると、明るさがもうほとんどなくなってしまっていて、より暗い感じがします。「客」がこの後語り始める「思い出」は、「客」にとって「話すのも恥ずかしいこと」です。そんな「思い出」を語り出すには周囲は暗い方が都合がよいと思います。また、「思い出」が暗い内容であることを、小説の出だしで暗示することもできるので、暗さがより強調されている高橋訳が優れていると思います。

〈発表の手引き〉

第〇文段は、ぜひとも〇〇訳で読んでほしいと思います。
教科書〇ページ〇行目を開いてください。高橋訳で「（高橋訳を読み上げる）」となっているところを、
岡田訳では「（岡田訳を読み上げる）」と訳しています。
この部分は、～（発表資料に書いたことを読み上げる）

6 生徒の反応

発表資料　少年の日の思い出　未来の読者へ――どちらの訳で読んでほしいか

【第21文段】は、ぜひとも（高橋訳・岡田訳）で読んでほしいと思います。

※本授業では本文を23の文段に分けた

☆根拠としてふさわしいと思う部分を一か所書き抜き、選んだ訳のすばらしさをアピールしましょう。

高橋訳　※ページ・行数は平成二十八年出版の光村図書教科書による	岡田訳
それから、 「そうか、そうか、つまり君はそんなやつなんだな。」 と言った。 （212ページ・17行目～）	それからこう言った。 「そう、そう、きみってそういう人なの?」

この部分は、両方とも、「僕」がエーミールに、クジャクヤママユをだいなしにしてしまったことを告白した後のエーミールの言葉です。

特に注目してもらいたいのは、高橋訳の「つまり君はそんなやつなんだな」という表現です。岡田訳の「きみってそういう人なの」という表現とくらべると、「そんなやつ」のように乱暴で吐き捨てるような口調にすることで、

エーミールが「僕」を軽蔑していることがより強く伝わってきます。
　この言葉を聞いた「僕」の悔しさも想像しやすくなり、この後、エーミールの喉笛に飛びかかる気持ちも理解しやすくなるので、高橋訳の方が優れていると思います。

〈書き出し例〉
　特に注目してもらいたいのは、○○訳の「　　」という表現です。
　△△訳の「　　」という表現と比べると、～と感じます。（～がより引き立ちます。）
　～なので、○○訳の方が優れていると思います。

最終ジャッジ

☆高橋訳推薦派
・登場人物の性格が分かりやすい。例えば、「僕」がエーミールに謝る場面で、岡田訳では「そう、そう、きみってそういう人なの?」と尋ねているが、高橋訳では「そうか、そうか、つまり君はそんなやつなんだな。」と決めつけている。「非の打ちどころがない悪徳」をもつエーミールには、高橋訳のほうがぴったりくる。この言葉に腹が立って、喉笛に飛びかかりたくなる「僕」の気持ちも理解しやすい。

☆岡田訳推薦派
・会話文に感嘆符や疑問符が使われていて、話す人の思いや気持ちがよく表れている。
・「軽蔑に充ちた正義の衣をまとって、世界秩序そのもののように」という表現が、高橋訳の「まるで世界のおきてを代表でもするかのように、冷然と、正義を盾に、あなどるように」という表現よりも、想像しやすく、エーミールが「僕」のことをどれだけ軽蔑しているかが伝わってくる。

二種類の訳をくらべて読む学習に挑戦して勉強になったこと、今後役立てたいこと

・表現が異なると、伝わり方がこんなに違うということが分かった。同じ文でも、前後の言葉で印象が大きく変わるし、全体としての印象もだいぶ違うことが、とても勉強になった。
・今後、文章を書くときには、場面の雰囲気に適した言葉を選んで使っていきたい。

7 終わりに

本単元で試みた「訳をくらべる」という方法は、三年生の「故郷」（魯迅作）にも活用できます。教科書に掲載された竹内好訳の他に、丸山昇訳も出版されています。「○○先生の名訳ベスト5」と課題の設定を変えると、方法は同じでも、新鮮な気持ちで生徒に取り組ませることができるでしょう。また、「生徒の主体的な課題発見」は、教材文と抱き合わせる補助教材があると、うまくいくことが多いようです。読み比べによって「違い」に気付くと生徒の内言が動き、「なぜ？」という問いを引き出しやすくなります。授業づくりの「しかけ」の一つとして、「補助教材の使用」を提案します。

（須郷和歌子）

解説

「教材本文」、「学習課題」、「学習活動」それぞれに工夫された指導者の「しかけ」

児玉　忠

単元「未来の読者へ―どちらの訳で読んでほしいか」は、「主体的な学び」を実現するための様々な指導者の「しかけ」が工夫されています。

須郷教諭によるその「しかけ」は、教師が生徒を勝手に放任するのでもなく、教師が生徒に学習を押しつけるのでもない、それらをアウフヘーベン（止揚）するためのものです。

一つは「教材本文」の工夫です。この授業では、教科書に載っている教材本文以外に、関連する別の教材本文（補助教材）が準備されています。それが、「少年の日の思い出」についてのもう一つの「訳文」です。教科書教材には、教材本文の「訳文」以外にも、その基となった「原作」、そこから「派生した作品」などがある場合があります。比較する作品があることで、生徒の疑問や思考が誘発されたり、二つのテキストが学び合いの共通の土俵となって、生徒同士の交流活動がかみ合ったり深まったりしやすいという利点があります。

二つ目は、「学習課題」の工夫です。それが、未来の読者に向けて「どちらの訳で読んでほしいか」という学習課題です。これによって、生徒たちには二つの教材本文を読みくらべる必然性が生まれました。さらには、この学習課題は須郷教諭も述べているように、生徒たちがそれぞれの関心や能力などに応じて「連鎖的に疑問を生み出しながらテキストと能動的に関わり、読みを深め」ていくことができるものになっています。

三つ目は、「学習活動」の工夫です。紹介されたワークシートを見ると、〈発表の手引き〉、〈書き出し例〉という項目があります。ここには、発表や説明の「型」がいくつも示されています。これによって、この学習における「学び方」が具体的な形で可視化され、生徒の能力差も縮まります。

自己の読みと他者の読みを往還する

単元「それぞれの物語」

言語活動「語り手（視点）を選んで物語を書く」

一年　学習材▼「少年の日の思い出」

1 単元の特色

（1）単元の趣旨

中学校一年生における定番学習材「少年の日の思い出」を中心として単元を設定しました。本学習材は、中学生が興味をもちやすい内容であり、情景描写や心情描写にも優れています。登場人物の心情や行動の意味を捉える力を身に付けさせるためにはとても適した学習材です。さらに、物語における語り手の役割について学ぶのに適した学習材であるとも言えます。この学習材の特性を生かして第三次において「語り手（視点）を選んで物語を書く」という言語活動を設定しました。それは、次の「（2）学習材について」で述べるように、自分の読みと他者の読みを往還しながら自分の読みを深めたり広げたりするためにも、語り手に注目して読むことが有効であると考えたからです。

単元の構成としては、第一次において初発の感想を基に生徒の課題意識を喚起した上で、その課題の解決を図りつつ第三次の物語を書く活動につながるような言語活動を第二次に設定しました。

(2) 学習材について

前半は「私」によって友人との会話の場面が語られます。後半は、友人から聞いた話を「私」が語り直すと言う構成（物語の仕組み）になっています（前半の語り手は「私」であり、後半の語り手が「ぼく」であると捉えることもできます）。この構成を生かすと、語られているのは語り手（「ぼく」であり、「ぼく」の話を聞いて語り直す「私」）の物語であり、物語には登場人物や出来事に対する語り手の見方や考え方、評価などが表れていることを理解させることができます。また、語り手とは異なる人物それぞれの物語について思いをめぐらすことによって、より豊かに物語を読めることに気付かせることができます。さらに、自分自身の実生活と照らし合わせながら、同じ空間で同じ経験をしていても、そこにいる人物の数だけの物語があることを実感させ、それぞれの物語を尊重しようとする態度を育てることもできると考えます。

2 単元目標

（1）情景や登場人物などの描写に注意して読み、登場人物の心情や行動の意味などを捉える。
（2）作品の構成の工夫を捉え、それぞれの人物の視点を通して物語を読み深める。

3 評価の観点・方法

各活動ごとに「達成されている姿」を設定し、主に生徒の記述や作品を基に評価を行います。また、達成しない生徒への手立ても十分に考えておく必要があります。

例えば、第三時間目の活動においては、次のような「達成されている姿」を設定します。

二つの活動を通して、この物語の語り手が「私」であることを確認した上で、語られる物語には語り手のものの見方や考え方などが表れていることを理解している。

具体的には、活動後の感想を例のようにまとめることができる。

感想例 先生の話を書き直す活動をしてみて、同じ話を聞いているはずなのに、それぞれ書いている部分や表現の仕方が違っていたことに驚きました。特に、先生が謝ったところを「一生懸命に」や「ごめん、ごめんと繰り返し」などと、それぞれが違う表現をしていたところが興味深かったです。これから、「私」の考えや見方で書かれている物語だということを意識して、この物語を読み深めていきたいです。

4 単元計画（全7時間）

次	時	学習活動	指導上の留意点
一	1 2	①全文を通読し、初発の感想を書く。 ②漢字・語句の確認を行う。 ③初発の感想を交流し、課題を共有する。 ④単元の学習について見通しをもつ。 学習課題：果たして「ぼく」の罪は許されたのだろうか。	○初発の感想を互いに読み合わせたり、発表させたりしながら、これからの授業において解決していきたい課題をまとめる。

次	時	学習活動	指導上の留意点
二	3	⑤「人物相関図をつくる活動」や「教師の話を文章にまとめ直す活動」を通して、文章の構成（物語の仕組み）を捉える。	○教師の話を、書き出しに続けて二百字以内でまとめさせる。**「国語の時間が始まると先生が教室に入ってきた。そして、突然次のように語った。昨日のことだけど、」**
	4	⑥「紙上トーク」を通して「ぼく」とエーミールの関係を捉える。 ※紙上トーク＝短いコメントを交互に書き込めるようになったワークシートを活用して意見交換する言語活動。	○四人のグループを編成し、トークのスタートは教師から示す。 ○「ぼく」に共感する立場、エーミールに共感する立場、必要に応じて中立の立場を決めて、トークを行わせる。
	5	**生徒のトーク例** エーミールって気味悪いやつだよな。→そんなことはないよ。何でもできるし。→でも、上から目線なの嫌じゃない？→先生の息子ってだけで調子乗ってるしね。→でも本当にすごいやつだよ。模範少年だよ。→模範少年とか盛りすぎでしょ。→（後略） ⑦「学習課題に対する自分の考えをまとめる活動」を通して、「ぼく」の心情を捉える。	※「5授業展開」において詳述。
三	6 7	⑧語り手（視点）を選んで物語を書き、交流する。	○語り手（視点）と物語の例を示して四百字程度を目安にして書かせる。

生徒の作品例（エーミールの「少年の日の思い出」）ぼくは、あの事件の後、潰れてしまったクジャクヤママユをしばらく見ながら、いろいろなことが嫌になっていった。

長い間夢に見るほど欲しかったチョウを壊したあいつのことはもちろんだが、部屋に鍵をかけなかった自分のことさえも……。ぼくは、こなごなになったクジャクヤママユを見て決意した。「チョウ集めなんてもうやめよう。」（後略）

5 授業展開（5／7）

（1）本時のねらい

生徒は、第二次におけるこれまでの活動を通して、この物語が「私」によって語られる物語であることを理解しています。さらに後半の少年の日の思い出はあくまでも「ぼく」の物語（を「私」が語り直したもの）であり、エーミールにはまた別の物語があったであろうことに気付いています。これまでの学習を踏まえて、初発の感想からまとめた「果たして『ぼく』の罪は許されたのだろうか」という課題に迫るための言語活動をここでは設定しました。

（2）指導の実際

「果たして『ぼく』の罪は許されたのだろうか」という学習課題に対する自分の考えをまとめる。

①「ぼく」が犯した罪とは何か考える

「チョウを盗んだこと」「チョウを潰してしまったこと」の二つの意見が出ることが予想されますが、ここではその理由を問うことにとどめ、どちらかに限定することは避けます。

②自分の立場と、その理由を考える

例えば下図のようなワークシートを活用します。思考ツールとしても使われる「バタフライ・マップ」をアレンジしたものです。「許された」「許されていない」の二つのうち自分が支持する方を丸で囲み、その下に自分がそう考える理由を箇条書きで書かせます。

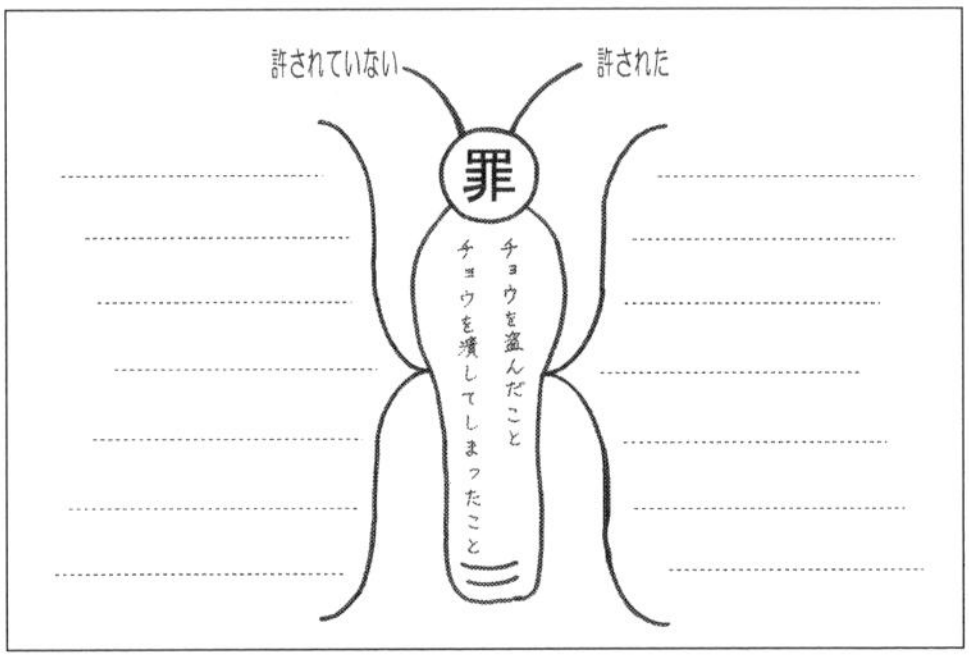

③お互いの意見を発表し合う

それぞれの発表を聞きながら、生徒は両方の立場の意見をワークシートに書き加えていきます。生徒の意見がどちらかに偏る場合には、教師からも意見を付け加えます。さらに必要に応じて「ガラスを割ってしまってももとには戻らないけど、いつまでもその罪は許されないの？」「ぼくはエーミールのどんな反応を期待していたのだろうか？」「『ぼく』の罪はいつ許されたの？」「どんな気持ちで『私』に話したのだろう？」などの問いを教師側からも投げかけます。

④意見交換を踏まえ、最終的な自分の考えを二百字程度でまとめる

生徒の意見例A　私は、「ぼく」はまだ許されていないと思います。なぜかというと、自分で自分のチョウは潰したけれど、エーミールの口から「許す」と言われていないからです。自分で自分を罰し

ても、それはただ自分がエーミールに許してもらえなかったからした行動にすぎず、エーミールからの許しをもらったわけではありません。まだ許されていないから、友人にこの出来事を話して、気持ちを楽にしたかったのではないでしょうか。

生徒の意見例B 私は、「ぼく」は「許されていなかった」のではないかと思います。（中略）悪いことをしたら謝ることが大切です。それなのに「ぼく」は謝らず、「ぼくのチョウをやるよ。」と言いました。私がエーミールだったら、「えっ、何それ？ ふざけてるの？」と言ってしまうと思います。エーミールもそれで「ぼく」のことを軽蔑したのではないでしょうか。しかし、私は最初に、「ぼく」は「許されていなかった」のではないかと書きました。それは、友人である「私」に自分の罪を告白することによって、最終的には許されたような気もするからです。長年チョウを壊してしまった罪を背負って生きて、十分なほどに苦しんだはずです。エーミールも「もう、いいよ」と言うのではないかと思います。

（渡辺 治）

〈主な参考文献〉
「少年の日の思い出」のこれまでの実践の概要については、田中宏幸・坂口京子編著『文学の授業づくりハンドブック 授業実践史をふまえて 第4巻 中・高等学校編』（溪水社、二〇一〇）が参考となります。また、語り手について考える際に参考になるものとしては、田中実・須貝千里編『文学の力×教材の力 中学校編1年』（教育出版、二〇〇一）があり、最近の論考としては、野中潤「この教材に『語り手』はいますか？──臆見としての学習用語、学術用語」（『日本文学』二〇一七・一）があります。
「バタフライ・マップ」については、藤森裕治『バタフライ・マップ法 文学で育てる〈美〉の論理力』（東洋館出版社、二〇〇七）の他、思考ツールに関する各種の書籍などにおいても紹介されています。

解説

対話的な学びによる文学の授業

上谷 順三郎

文学の授業において、読者である生徒が体験できる「対話的」な場面には次のようなものがあります。

① 登場人物との対話
② 登場人物を語っている語り手との対話
③ ①と②を含んだ作者との対話
④ ①から③についての自分自身との対話
⑤ ①から④をめぐっての他者との対話

渡辺実践の工夫の一つは、②をクローズアップさせたことです。後半は前半の「私」が語り直したものである、と。ですから、①も単純に自分の読みとして把握することはできず、「私」がどのように語り直しているのか、を後半の「ぼく」の語りを通して読み取っていかなければなりません。

また、そういったことを理論的に理解することよりも、「ぼく」以外の人物、例えば「エーミール」を視点の人物に設定するためには、地の文の情景や会話の心情を分析的に読み直す必要があります。一体、エーミールの立場に立つと「ぼく」や周りがどのように見えるのかを考えたり、エーミールの会話の表現からその性格を推し量ったりして、一応の人物設定をしないことにはエーミールの視点で語ることはできません。なお「教師の話を文章にまとめ直す活動」がモデルとなってこの活動を支えています。

また特に④や⑤の対話を活性化させるには、学習場面における工夫が必要です。渡辺実践では、すでに対話的な学びを進めてきた各自が、互いの作品を読み合い、さらに深い学びへ向かっていきます。全体としての課題「果たして『ぼく』の罪は許されたのだろうか」へと、視覚化ツールによって確実な交流ができるように保障されています。

文学の学習歴を踏まえ発展させる

単元「学んだことを生かして文学を読もう」

言語活動「自分（自分たち）がもった問いを追究する活動」

一年　学習材▼安東みきえ「星の花が降るころに」

1　単元の特色

（1）単元の趣旨

今回の単元は、中学校で初めてまとまった時間をかけて文学作品を扱う単元です。そこで、小学校でどのような文学作品をどのような観点や方法で読み深めてきたかを振り返り、それらを共有することで、今後の学習につながる基盤をつくりたいと考えました。教師にとっても、生徒がどのような学習を経験しているかを知ることは、今後の指導を考えていく上で大変重要と言えます。

もちろん、文学を読み深めるための観点や方法を出し合ってそれらを新たな作品に当てはめるだけでは、今後に生きる知識・技能とはならないでしょう。そこで、教師が設定した問いではなく、生徒自身がもった問いの追究の中で、小学校で学んだ文学を読み深めるための観点や方法を選択して用いることにしました。また、各自で問いをもった後に他の生徒と協働して問いの追究に当たり、最後にもう一度各自で問いをもって追究する展開とすることで、生徒同士の学び合いと個々の生徒の主体性の両立を図ることにしました。

(2) 学習材について

学習材には、光村図書『国語1』に所収の安東みきえ「星の花が降るころに」を用いることにしました。この作品は、生徒と同じ中学校一年生の視点から描かれており、話の展開や語句の意味も分かりやすく、生徒が身近に感じることができる作品です。その一方で、主人公の心情変化の理由などは、生徒がしっかり追究していかなければ見えてこない作品でもあります。

2 単元の目標　※平成二〇年度版学習指導要領に準じる

○自分が学んできた文学作品を読み深める観点や方法を振り返り、それを自分がもった問いの追究に生かすこと。

○自分(自分たち)がもった問いを追究する中で、登場人物の心情の変化や行動の理由、情景描写の意味などを捉えること。(C読むことウ)

○自分(自分たち)がもった問いを追究する中で、作品の展開や表現の特徴について自分の考えをもつこと。(C読むことエ)

3 評価の観点・方法

【関心・意欲・態度】

・自分が学んできた文学作品を読み深める観点や方法を進んで振り返り、それを自分がもった問いの追究に生かしている。（ワークシート・行動観察・定期考査）

【読む能力】

・登場人物の心情の変化や行動の理由を捉えている。（ワークシート・定期考査）
・情景描写がどのような登場人物の心情を表しているかなどを考え、情景描写に込められた意味について、自分の考えをもっている。（ワークシート）
・作品の展開や表現の特徴について、自分の考えをもっている。（ワークシート）

【言語に関する知識・理解・技能】

・作品に用いられている語句や比喩表現について理解している。（ワークシート・定期考査）

4 授業展開

第一次（一時間）

（1）ねらい

小学校でどのような文学作品をどのような観点や方法で読み深めてきたかを振り返る。

（2）指導ポイント

小学校の教科書に載っている主な文学作品と、文学に関わる学習用語を挙げたプリントを配布した上で、どのような作品で、どのような観点や方法で読み深める活動を行ったかをワークシートに二例記入させました。どのような観点や方法で読み深める活動を行ったかを思い出せない生徒もいましたが、小学校のときの教科書やノートを持参させることで、ワークシートを完成させました。

第一次のワークシート

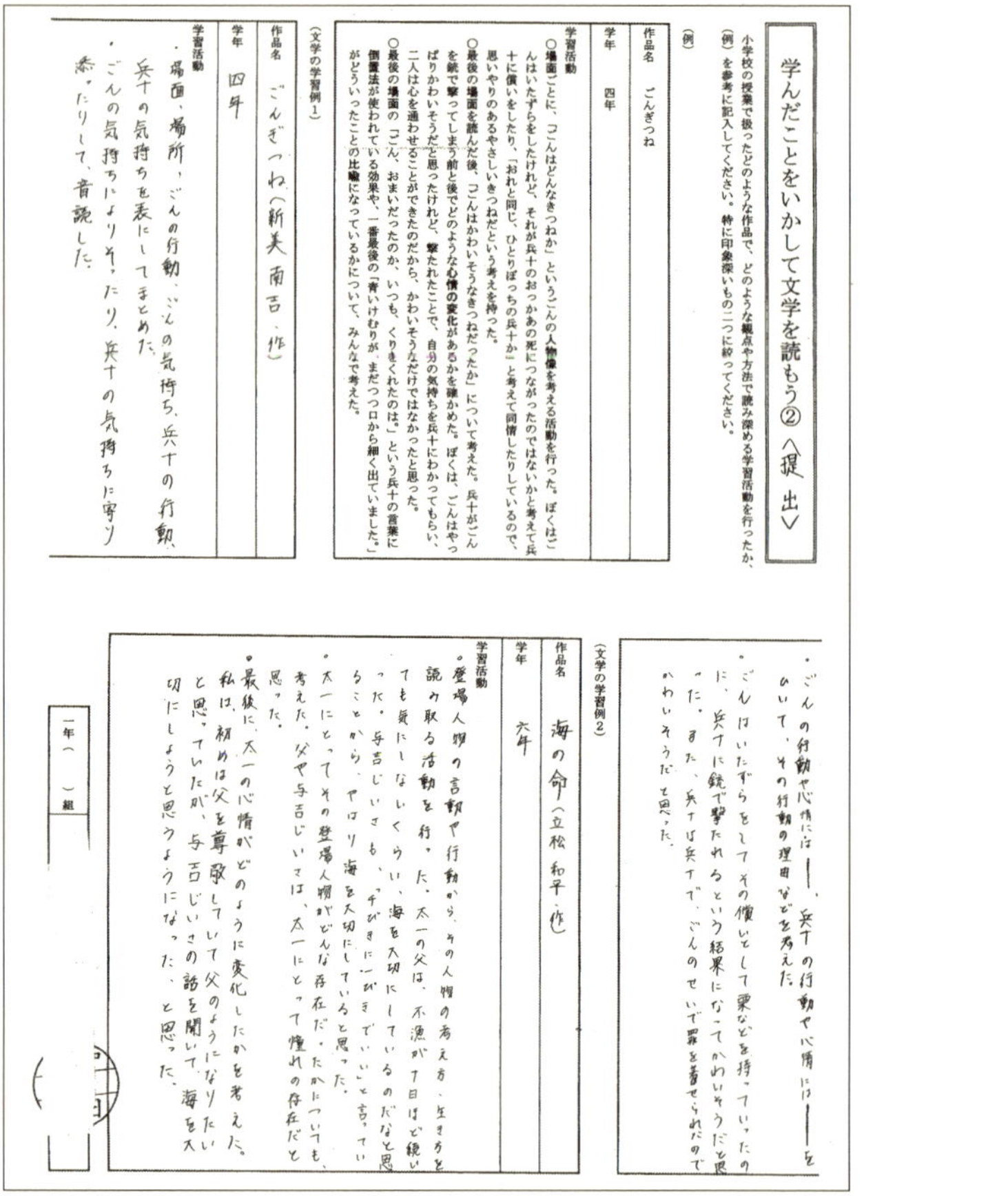
学んだことをいかして文学を読もう② 〈提出〉

小学校の授業で扱ったどのような作品で、どのような観点や方法で読み深める学習活動を行ったか、（例）を参考に記入してください。特に印象深いもの二つに絞ってください。

（例）

作品名　ごんぎつね

学年　四年

学習活動

○場面ごとに、「ごんはどんなきつねか」というごんの人物像を考える活動を行った。ぼくはごんはいたずらをしたけれど、それが兵十のおっかあの死につながったのではないかと考えて兵十に償いをしたり、「おれと同じ、ひとりぼっちの兵十か」と考えて同情したりしているので、思いやりのあるやさしいきつねだという考えを持った。

○最後の場面を読んだ後、「ごんはかわいそうなきつねだったか」について考えた。兵十がごんを銃で撃ってしまう前と後でどのような心情の変化があるかを確かめた。ぼくは、ごんはやっぱりかわいそうだと思ったけれど、撃たれたことで、自分の気持ちを兵十にわかってもらい、二人は心を通わせることができたのだから、かわいそうなだけではなかったと思った。

○最後の場面の「ごん、おまいだったのか、いつも、くりをくれたのは。」という兵十の言葉に倒置法が使われている効果や、一番最後の「青いけむりが、まだつつ口から細く出ていました。」がどういったことの比喩になっているかについて、みんなで考えた。

（文学の学習例1）

作品名　ごんぎつね（新美南吉　作）

学年　四年

学習活動

・場面、場所、ごんの行動、ごんの気持ち、兵十の行動、兵十の気持ちを表にしてまとめた。

・ごんの気持ちによりそったり、兵十の気持ちに寄り添ったりして、音読した。

・ごんの行動や心情には——、兵十の行動や心情には——をひいて、その行動の理由などを考えた。

・ごんはいたずらをしてその償いとして栗などを持っていったのに、兵十に銃で撃たれるという結果になってかわいそうだと思った。また、兵十は兵十で、ごんのせいで罪を着せられたのでかわいそうだと思った。

（文学の学習例2）

作品名　海の命（立松和平　作）

学年　六年

学習活動

・登場人物の言動や行動から、その人物の考え方、生き方を読み取る活動を行った。太一の父は、不漁が十日ほど続いても気にしないくらい、海を大切にしているのだなと思った。与吉じいさも、「千びきに一ぴきでいいんだ」と言っていることから、やはり海を大切にしていると思った。

・太一にとってその登場人物がどんな存在だ。たかについても考えた。父や与吉じいさは、太一にとって憧れの存在だと思った。

・最後に、太一の心情がどのように変化したかを考えた。私は、初めは父を尊敬していて父のようになりたいと思っていたが、与吉じいさの話を聞いて、海を大切にしようと思うようになった、と思った。

一年（　）組

第二次（二時間）

（1）ねらい

「星の花が降るころに」を通読し、漢字や語句の確認と感想の簡単な交流を行った上で、作品に関して考えたい問いを各自でもち、ワークシートに記入する。

（2）指導ポイント

学習者がもった問いで多かったのは、次のものでした。

①登場人物（「私」・夏実・戸部君）の心情やその変化を問うもの。

（例）「私」はどうして大事にしていた銀木犀の花を捨てたのか。

なぜ夏実は「私」と会話してくれないのか。

②登場人物の「役割」に注目したもの。

（例）戸部君はどんな役割を果たしているのか。

掃除のおばさんの言ったことがどう主人公の「私」の心を動かしたか。

③「銀木犀」に関するもの。

（例）銀木犀の役割は。

④題名に関するもの。

（例）なぜ題名が「銀木犀が降るころに」ではなく「星の花が降るころに」なのか。

各自が問いをもったところで四～五名の班をつくって問いを交流し、班で追究する問いを、班で一つ選ぶかつくるかしました。班での問いを決定する前に教師に相談することにし、教師は各班をまわりながらアドバイスを行いました。各班で設定した問いは各自の問いを基にしているため、先の①～④に当てはまるものが多かったのですが、「『私』の夏実に対する心情の変化」「銀木犀が象徴することとは何か」といった作品全体に関わる大きな問いが目立ちました。問いを自分たちで設定することは新鮮だったらしく、授業後のアンケートに「小学校のときは問いを先生が考えていたが、今回は自分たちで考え、自分たちなりの答えを出すことができ、とてもおもしろかった」という回答が見られました。

第三次（二時間）

(1) ねらい

第三次で用いたワークシート

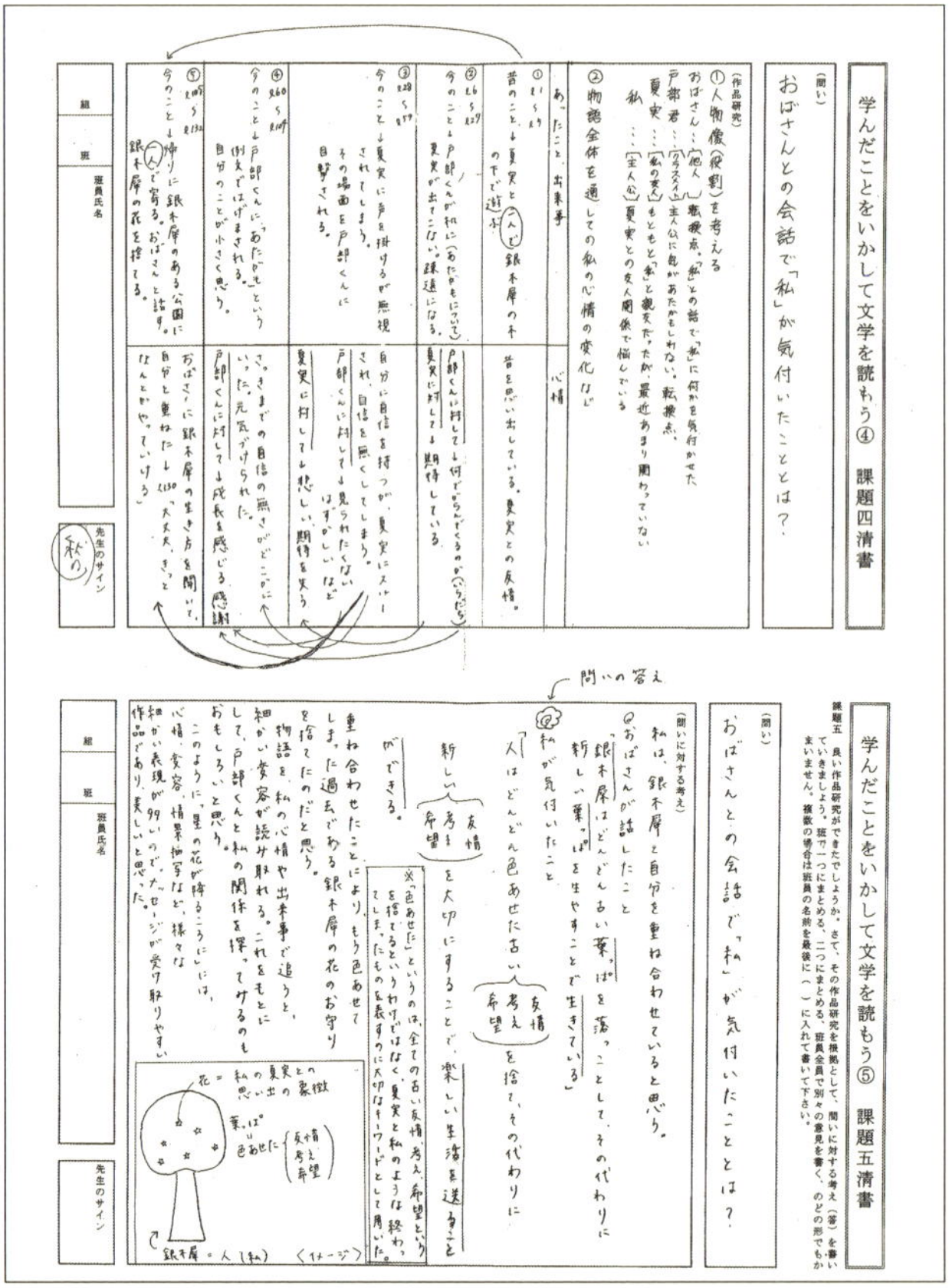

小学校で学んだ文学の読みの観点や方法を用いて、作品内容を概観する作品研究を各班で行う。これを踏まえて問いに対する答え（考え）を出す。

(2) 指導ポイント

班で設定した問いに対する答え（考え）を出していく前に、作品内容を概観する作品研究を各班で考えさせました。例えば「私」の心情に着目している班は、冒頭から「私」の心情がうかがえる表現を丁寧に追ってその変化をまとめる。「銀木犀」に着目している班は、銀木犀に関わる表現を作品から取り出しながら、登場人物のどういった心情を表したものかを考えるといったものです。この作品研究には、小学校で学んだ文学の読みの観点や方法を用いることにし、小学校時のノートなどを参照させました。この作品研究を踏まえて、問いに対する答え（考え）を出し、「問い・作品研究・答え（考え）」を、二枚のワークシートにまとめさせました。

第四次（二時間）

（1）ねらい

各班の「問い・作品研究・答え（考え）」の発表会を行った後、各班のワークシートと発表会で出た質問・意見を基に、教師による一斉授業を行う。その後各自で新たに問いをもち、その答え（考え）を出した後、学習全体を振り返る。

（2）指導ポイント

各班の発表は、クラス全員の前で一班ずつ発表していくという形式はとらず、いくつかのグループに分かれて各班のワークシートを示しながら発表を行いました。少人数にした分、質疑応答が活発に行われました。

この発表が終わった後、各班のワークシートと発表会で出た質問・意見を基に、教師による一斉授業を行いました。各班で問いや作品研究は異なりますが、主人公である「私」の心情変化とその理由を捉えることがどの班でも重要となっており、この点をいくつかのワークシートを基に整理した後、各班のワークシートを参照しながら教師が気付いた点について生徒とやりとりを行いました。その後、各自で新たな問いをもち、それまでの学習を振り返りながら追究し、その結果をまとめました。この新たな問いは、第二次で各自がもった問いでも別の問いでもよいこととしました。どのような問いを選んだかに関わらず、多くの学習者がこれまでの学習を踏まえることと作品を自分なりに読み深めることができていました。個の活動に始まり協働活動を経て個の活動に戻る展開としたことで、生徒同士の学び合いと個々の生徒の主体性の両立を図ることができました。

（秋田　哲郎）

解説

深い学びを生み出す文学の授業単元の例
〜学び手の学習歴を基に問いを進める授業

飯田　和明

　単元「学んだことを生かして文学を読もう」では、二つの提案がされています。一つは、学習者がこれまでどんな文学の学びをしてきたかを振り返り、その学習経験を基にすることが前提にされていることです。生徒の中に育っている文学を学ぶ力を引き出し生かそうとする、学習者の主体的姿勢を高める手立てです。具体的な作品名と学習用語を示し、使っていたノートを持参させることも、本学習を機能させる力になっています。

　二つ目は、学習者の問いから文学作品の読みを深めることです。課題は「あなたは何を問いたいのか」であり、その具体化は生徒各自にゆだねられています。学習者がもった問いには各自の学習経験が反映されます。そしてそれらを班で交流することで、もたれた問いだけでなく学習者個々の文学の学習経験が交わることになるのです。ここに深い学びが生まれる種がまかれていきます。班としての問いには、作品全体に関わる問いが目立ったようです。そこには問いを一つにすることに留まらず、互いの問いに対する答えを生徒同士で議論し高め合う学びの様子が反映されていると考えられます。

　自分たちの問いを自分たちで解決し、さらに問いたいことを吟味する。班で議論した結果を他の班に問いかけていく。その過程で深い学習が生まれていきます。また、教師が論点を整理し、各自でもう一度問いをもち、班の交流で得られた新たな情報をそこに組み込んでいくことで、学習の継続性をもたせていることも参考になります。

　「問いを立て、その解決の手段を学習経験の中に探し、交流を通して互いに読み深めるための視点と手段を得る」という、学習者の主体を念頭に置き続ける授業像が、本実践では示されています。

『文学』編

〈編著者・執筆箇所一覧〉※所属は執筆時

編集責任者
飯田和明（宇都宮大学准教授）…Ⅰ章1、4、Ⅱ章1―3、2―7、8、4―1、Ⅲ章3（解説）

編著者
上谷順三郎（鹿児島大学教授）…Ⅰ章2、Ⅲ章2（解説）
児玉　忠（宮城教育大学教授）…Ⅰ章3、Ⅲ章1（解説）、Ⅲ章3（解説）

執筆者
岡田幸一（筑波大学附属中学校教諭）…Ⅱ章1―1、5、2―3、4、4―2
秋田哲郎（筑波大学附属中学校教諭）…Ⅱ章1―2、7、3―1、Ⅲ章3
細川李花（筑波大学附属中学校教諭）…Ⅱ章1―4、2―1、5、3―2、4
五味貴久子（筑波大学附属中学校教諭）…Ⅱ章1―6、8、2―2、6、3―3
須郷和歌子（青森県・弘前市立第四中学校教諭）…Ⅲ章1
渡辺　治（鹿児島県・南種子町立南種子中学校教諭）…Ⅲ章2

〈シリーズ国語授業づくり中学校　企画編集〉

安居總子（日本国語教育学会理事）
飯田和明（宇都宮大学准教授）
髙橋邦伯（青山学院大学教授）
笠井正信（中央大学教授）
甲斐利恵子（東京都・港区立赤坂中学校教諭）

シリーズ国語授業づくり中学校
文学
―主体的・対話的に読み深める―

2018（平成30）年8月14日　初版第1刷発行

監　　修：日本国語教育学会
編　　著：飯田和明・上谷順三郎・児玉忠
発 行 者：錦織　圭之介
発 行 所：株式会社　東洋館出版社
〒113-0021　東京都文京区本駒込5丁目16番7号
営業部　電話 03-3823-9206　FAX03-3823-9208
編集部　電話 03-3823-9207　FAX03-3823-9209
振替　00180-7-96823
URL　http://www.toyokan.co.jp
デ ザ イ ン：株式会社明昌堂
印刷・製本：藤原印刷株式会社

ISBN978-4-491-03528-4　Printed in Japan